有趣的金融

★ ★ ★ ★ ★

货币知识一点通

刘盼盼◎编著

在未知领域　我们努力探索
在已知领域　我们重新发现

延边大学出版社

图书在版编目（CIP）数据

有趣的金融：货币知识一点通 / 刘盼盼编著 .—延吉：
延边大学出版社，2012.4（2021.1 重印）

ISBN 978-7-5634-4631-5

Ⅰ .①有… Ⅱ .①刘… Ⅲ .①货币—青年读物
②货币—少年读物 Ⅳ .① F82-49

中国版本图书馆 CIP 数据核字 (2012) 第 051719 号

有趣的金融：货币知识一点通

编　　　著：刘盼盼

责 任 编 辑：何　方

封 面 设 计：映象视觉

出 版 发 行：延边大学出版社

社　　　址：吉林省延吉市公园路 977 号　　　邮编：133002

网　　　址：http://www.ydcbs.com　E-mail：ydcbs@ydcbs.com

电　　　话：0433-2732435　传真：0433-2732434

发行部电话：0433-2732442　传真：0433-2733056

印　　　刷：唐山新苑印务有限公司

开　　　本：16K　690×960 毫米

印　　　张：10 印张

字　　　数：120 千字

版　　　次：2012 年 4 月第 1 版

印　　　次：2021 年 1 月第 3 次印刷

书　　　号：ISBN 978-7-5634-4631-5

定　　　价：29.80 元

在全球经济发展的今天，货币在历史地位上起到了举足轻重的作用。通胀、通缩和泡沫越来越频繁地影响着我们的生活。人民币，目前是一个拥有地球上 1/5 人口的国家正在使用的货币。据统计早在 2009年我国的 GDP 就已经达到了 34 万亿元，在世界经济舞台上排名第三。我国发行了约 56 万亿元人民币，同时拥有大量的外汇储备。

与在 1792 年诞生的美元相比，诞生于 1948 年的人民币确实显得有些稚嫩，但是，自 1949 年中华人民共和国成立后，这 60 年来我国的经济取得了令世界瞩目的发展；改革开放 30 年来，我国的经济体系的发展以平均两位数的速度增长，中国的经济从"一穷二白"的国家，发展成为经济总量全球排名第三经济大国，中国的货币——人民币，也必然地赢得了全球的关注。随着我国经济的不断发展，人民币的交易结算越

来越多，尤其是全球遭遇百年不遇的金融危机后，世界上更多的国家把目光投向了人民币这个发展速度最快的国家。现如今，我国的金融资本不但可以解救在危机中的中国经济，甚至具备了可以援救美国经济的实力。于是，在这个崭新的时代，世界货币体系即将迎来一个新生力量——人民币。人民币可以加速世界经济的发展，构成一个不一样的世界金融体系。世界上不同的货币都有着不同的故事，那么世界上这些货币都有什么不一样的特征呢？货币知识为您揭晓。

目 录
CONTENTS

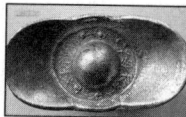

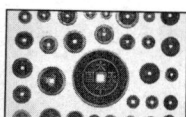

第❶章
货币之谜

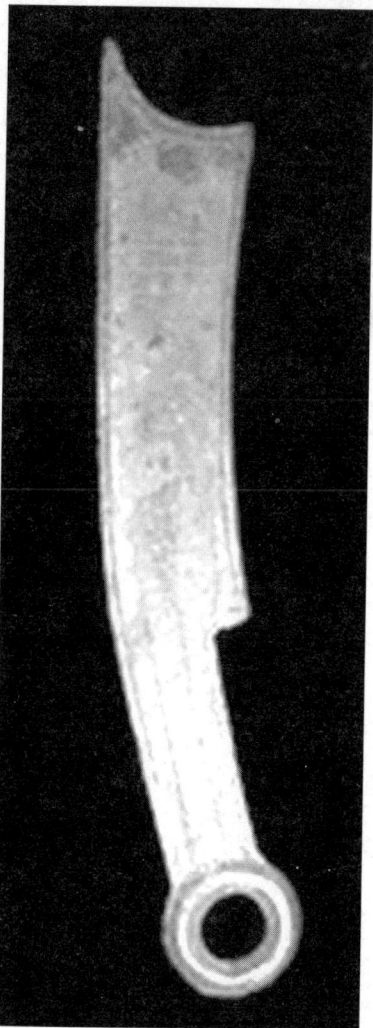

第❷章
中国货币的演变

第❸章
你了解人民币

第❹章

货币的家族

第❺章

世界货币发展史

货币之谜

货币是商品与商品交换过程中衍生出来的，货币的发展经过时代的变迁变成了多种多样。那货币究竟是怎么来的？货币是怎么发展的呢？请看本章节。

货币是一把尺子

Huo Bi Shi Yi Ba Chi Zi

◎名称的由来

货币是从商品中分离出来固定地充当一般等价物的商品。历史上不同地区曾有过不同的商品交换充当过货币，后来货币商品逐渐过渡为金银等贵金属。货币是商品交换发展到一定阶段的产物。货币的本质就是一般等价物，具有价值尺度、流通手段、支付手段、贮藏手段、世界货币的职能。商品生产的发展和交换的扩大，商品货币（金银）的供应越来越大，货币已经不能满足对货币日益增长地需求，随着对货币需求的增大又逐渐出现了代用货币、信用货币，用来弥补流通手段的不足。随着进入20世纪，金银开始逐渐地退出货币舞台，不兑现银行支票和纸币成为各国主要的流通手段和支付手续。

货币的本质仍然存在大量的争论。一些西方经济学的货币概念五花八门，刚开始是以货币的职能下定义的，后来随着时代的变迁又形成了作为一种经济变量或政策变量的货币定义。货币定义主要有以下几种：

①充当交换媒介，价值、贮藏、价格标准和延期支付标准的物品；

②人们普遍接受的用于支付商品劳务和清偿债务的物品；

※ 早期货币

③超额供给或需求会引起对其他资产超额需求或供给资产；

④购买力的暂栖处；

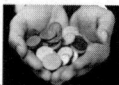

⑤无需支付利息，作为公众净财富的流动资产；

⑥与国民收入相关最大的流动性资产等等。

◎货币的本质

你知道什么是货币的本质吗？

在西方货币学说史上曾存在两种不同的观点：一是货币名目论，二是货币金属论。

货币金属论者是从货币的价值尺度、储藏手段和世界货币的职能来定义的，并且认为货币与贵金属等同，充当货币必须具有金属内容和实质价值，货币的价值完全取决于贵金属的价值。

※ 贝壳充作货币

货币名目论者是从货币的流通手段、支付手段等职能来定义的，是否定货币的实质价值，并且认为货币只是一种符号，货币的产生是一种名目上的存在。货币金属论是对货币金、银本位制的产物，随着上世纪初金本位制度的崩溃，货币影响力正日益减弱。

在当前的西方货币学说中，货币名目论是占统治地位的，这说明西方经济学教科书对货币的定义中可见一斑。美国著名经济学家米什金的《货币金融学》将货币定义为："货币或货币供给是任何在商品或劳务的支付或在偿还债务时被普遍接受的东西。"

◎发行

一般情况下，每个国家都只使用一种货币，货币是由中央银行发行和控制。不过世界上有的国家也存在例外，其中就有多个国家可以使用同一种货币。例如在欧盟国家通用的欧元；在西非经济共同体通用的法郎；还有在 19 世纪的拉丁货币同盟，那些名称虽然不同但是能在联盟内部自由流通的等值货币。并不是所有国家都必须发行货币，一个国家还可以选择其他国家的货币作为法定流通货币，比如，巴拿马国家选择美元作为法定

货币。有的国家会因为特殊原因，同一个国家内的不同自治体也会发行不同版本的货币用于商品之间的交换，例如在英国，包括英格兰、苏格兰或甚至偏远离岛的泽西岛、根西岛这些国家都发行了不同版本的英镑，并且相互可以在英国境内的其他地区交易，但是只有英格兰英镑才是国际承认的交易货币，其他国家的版本英镑拿出英国境外后可能会被拒绝使用。用于交换的基本货币单位通常还可以分成更小的辅币。在换算单位上最常用的比例是辅币为主币的 1/100，比如，100 分＝1 元。法国大革命在推广公制以前，欧洲历史上曾经长期采用 1/20/240 进制，在英国，1 英镑可以兑换为 20 先令、240 便士；法国是 12 个但尼尔可以兑换为 1 苏，20 个苏为 1 里弗尔。1∶7、1∶14、1∶25、1∶10、1∶1000 以及其他进位制也曾被使用。

有些国家的货币没有辅币，或者虽然有辅币，但是币值有大有小而它只是理论上的换算单位，而没有发行实际的货币，比如，日元和韩元。

◎物物交换

人类使用货币最早的历史是产生于物物交换的时代。在古代的原始社会中，人们以物品交换物品的方式，去交换自己所需要的物资，一头羊可以换回来一把石斧。但是有时候交换物资的时候发生了限制，不得使用一种能够为交换双方都能够接受的物品。货币就是这样诞生的。早期的货币曾使用过牲畜、盐、稀有的贝壳、珍稀鸟类羽毛、宝石、沙金、石头等不容易大量获取的物品。

金属货币

随着经济体系的发展，曾经被货币使用的物品逐渐被金属所取代。金属货币是需要人工制造，无法从自然界大量获取，黄金货币方便贮存。数量稀少的金、银和冶炼困难的铜逐渐成为重要的货币金属。在一些国家和地区的货币市场中还曾经使用过铁质货币。

早期的金属货币是块状的，使用时要用试金石测试其成色，同时还要秤量其重量。随着人类文明不断发展和创新，逐渐完善了更先进的货币制度。交易的硬币上面带有国王或皇帝的头像、复杂的纹章和印玺图案，加强了防伪。

金银

15世纪，西方国家主要流通的货币为金币和银币，辅币以铜、铜合金制造。随着欧洲社会经济不断地发展，商品交易量逐渐增大，其中一些经济发达国家。如佛兰德斯和意大利北部各邦国出现了通货紧缩。16世纪开始，来自美洲的大量黄金和白银通过西班牙流入欧洲，这些流入的黄金和白银挽救了欧洲的货币制度，为以后欧洲的资本主义经济发展创造了有利的条件。

◎ 类型

什么是实物货币呢？

实物货币是指能够作为非货币用途的价值和同时还可以作为货币用途的价值相等的实物商品。

充当实物货币的商品具有以下特征：价值稳定，普通接受性，轻便和易携带性，价值均值可分性。一般金属都具备这些基本的特征，所以，在实物货币中，金属货币最具代表性。

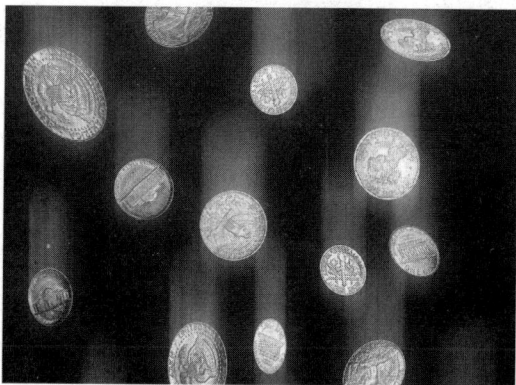

※ 实物货币

◎ 信用货币

信用货币是怎么产生的呢？信用货币产生于20世纪30年代，是受世界性的经济危机的影响，许多国家被迫脱离金本位和银本位，由于这些原因所发行的纸币不再能兑换金属货币，在这种情况下信用货币应运而生。

信用货币作为一般的交换媒介需要有两个条件：一是人们对此货币的信心；二是货币发行的立法保障。二者缺一不可。目前，信用货币又可分为以下几种形态：辅币，其功能是担任小额或零星交易中的媒介手段，多

以贱金属制造；银行存款，又称债务货币，存款人可借助支票或其他支付指示，将本人的存款交付他人，作为商品交换的媒介；现金或纸币，主要功能也是担任人们日常生活用品的购买手段，一般为具有流通手段的纸币，现金和纸币，其发行权为政府或者金融机构所专有。

◎电子货币

电子货币是指利用电脑或贮值卡所进行的金融活动。使用储值卡就像持有现金一样，每次消费时使用储值卡系统会自动从卡片的存款金额中扣除。电子货币给人类的生活带来便利的同时也带来了问题，例如如何预防电子货币被盗，如何保密个人的信息。因此，电子货币的市场还需要一个全面完善的过程。

◎纸币

纸币作为现行的货币，纸币具有价值尺度、流通手段、支付手段、贮藏手段、世界货币等职能。

◎货币的作用

民事法律关系中，货币表现的作用为：

担当物权的客体。公民、法人能拥有货币，对其进行占有、使用、收益和处分。

充当债权的客体。这是货币最主要的作用。在民事法律关系中，货币是许多合同如买卖、劳务、借贷等的法定支付手段，是承担民事责任用以补偿和赔偿的支付手段。货币是具有交换媒介、价值尺度、延期支付标准或完全流动的财富储藏手段等功能的物品。在世界各国历史上，有许多商品都充当过一般等价物。在商品生产和商品交换的发展过程中，一般等价物的作用最终固定在其自然属性最适宜充当货币的贵金属（金和银）上。而随着时间的变迁，货币的概念也在逐渐地扩大。

◎货币政策工具

什么是货币政策呢？货币政策工具又称货币政策手段，货币政策工具

是指中央银行为实现货币政策目标所采用的政策手段。货币政策工具可以划分为一般性政策工具（这其中包括法定存款准备金率、公开市场业务、再贴现政策）和选择性政策工具（包括间接信用指导、直接信用控制等）。

货币政策的运作

货币政策的运作一般是指中央银行根据客观经济形势采取适当的政策措施调控货币供应量和信用规模，通过这个政策的运作使之达到预定的货币政策目标，并通过这个影响整体经济的运行。在一般情况下，货币政策的运作可以分为紧的货币政策和松的货币政策。

紧的货币政策

紧的货币政策其主要政策手段是：提高利率，减少货币供应量，加强信贷控制。如果市场物价上涨，经济过度繁荣，需求过度，则被认为是社会总需求大于总供给，国家的中央银行就会采取紧缩货币的政策以减少需求。

松的货币政策

松的货币政策其主要政策手段是：降低利率，增加货币供应量，放松信贷控制。如果市场产品销售不畅，经济运转困难，设备闲置，资金短缺，被认为是社会总需求小于总供给，中央银行则会采取扩大货币供应的办法以增加总需求来平衡市场。

总体上总结，在经济扩张时，总需求过大，采取紧的货币政策。在经济衰退时，总需求不足，采取松的货币政策。但这只能解决一个方面的问题，政府必须根据政策工具本身的利弊及实施条件和效果选择适当的政策工具。还必须根据现实情况对松紧程度作科学合理的把握。

◎货币政策的作用

货币政策的调控作用有以下几点：

1. 通过调控货币供应总量保持社会总供给与总需求的平衡

货币政策可通过调控货币供应量达到对社会总需求和总供给两方面的调节，使经济达到均衡。当总需求膨胀导致供求失衡时，可通过控制货币量达

到对总需求的抑制；当总需求不足时，可通过增加货币供应量，提高社会总需求，使经济继续发展。同时，货币供给的增加有利于贷款利率的降低，可减少投资成本，刺激投资增长和生产扩大，从而增加社会总供给；反之，货币供给的减少将促使贷款利率上升，从而抑制社会总供给的增加。

2. 通过调控利率和货币总量控制通货膨胀，保持物价总水平的稳定

无论通货膨胀的形成原因多么复杂，从总量上看，都表现为流通中的货币超过社会在不变价格下所能提供的商品和劳务总量。提高利率可使现有货币购买力推迟，减少即期社会需求，同时也使银行贷款需求减少；降低利率的作用则相反。中央银行还可以通过金融市场直接调控货币供应量。

3. 调节国民收入中消费与储蓄的比例

货币政策通过对利率的调节能够影响人们的消费倾向和储蓄倾向。低利率鼓励消费，高利率则有利于吸收储蓄。引导储蓄向投资的转化并实现资源的合理配置，但储蓄不能自动转化为投资，储蓄向投资的转化依赖于一定的市场条件。货币政策可以通过利率的变化影响投资成本和投资的边际效率，提高储蓄转化的比重，并通过金融市场有效运作实现资源的合理配置。

▶ 知 识 窗

· 纸币的诞生 ·

随着经济的进一步发展，金属货币出现了使用上的不便。在一些大额交易中需要使用大量的金属硬币，金属货币的重量和体积都令人感到烦恼。金属货币使用中还会出现磨损的问题，据部分的统计，自人类使用黄金作为货币用于交易流通以来，已经有超过两万吨的黄金在铸币厂里、或者在钱袋中、人们的手中和衣物口袋中磨损掉。在这种情况下于是作为金属货币的象征符号的纸币出现了。在世界上最早的纸币在宋朝年间于中国四川地区出现的交子。

┤ 拓展思考 ├

1. 货币的定义是什么？

2. 货币是由哪个银行发行？

3. 世界上最早的货币是什么？

货币的本位

Huo Bi De Ben Wei

◎金本位

货币流通市场后，最初的纸币是以黄金为基础的，纸币可以与黄金自由兑换，纸币和黄金可以同时流通，但是一般纸币的发行量比较少。19世纪末，由于通货膨胀，资本主义经济出现了空前的发展，就是这种情况下纸币逐渐成为主要的流通货币，但是纸币仍然有黄金作为发行的保障。于是，这种货币制度称为"金本位"。

※ 黄金

◎银本位

银本位就是把白银作为本位货币的货币制度，在一般情况下通货的基本单位由定量的银规定的货币本位制。

在充当货币商品方面，黄金远胜于白银。在货币史上，银比金更早地充当本位货币。但西方国家随着经济的发展，银本位制先是过渡到金银复本位制，19 世纪 20 年代后又为金本位制所取代。19 世纪末，由于白银采铸业的劳动生产率的提高，促使了白银价值不断降低，金银之间的性价比大幅度波动，就这样影响了经济的发展。除了中国以外的国家先后放弃了银本位制。但是这些国家中只有墨西哥、日本、印度等还保留银本位制。

◎复本位

什么是复本位制呢？复本位是同时规定黄金和白银为货币单位基础的本位。复本位实行实际上是同时实行银本位和金本位。其中复本位具有的优点是：一般情况下货币单位以两种贵金属为基础，但是复本位货币与金本位和银本位相比，复本位货币价值比金、银本位的货币更加稳定。如果银价上涨，复本位的变化小于银本位。如果金价上涨，复本位的变化小于金本位；但是复本位并不是完美的，复本位的主要问题是：它有时成为金本位，有时成为银本位，复本位难以起到双重本位的作用。

复本位制也可以称之为金银复本位制，一般情况下指以金、银两种特定铸币同时充作本位币，复本位制规定其币值对比的一种货币制度。与复本位制对称是单本位制，也可以称之为银本位制或金本位制。英、法、美等国在确立金本位之前长期采用复本位制约 18~19 世纪。

◎不兑现本位

不兑换本位是指不把贵金属作为货币单位的基础，可以规定纸币不兑换贵金属的本位叫做不兑现本位，也可以称作信用本位。人们可以按照这种本位制，用一种纸币兑换另一种纸币，但不能兑换贵金属。一些当代西方经济学家认为，在同时都是金本位或银本位制的条件下，贵金属存量又取决于贵金属的勘探和开采情况，一国的货币供给量取决于它的贵金属存量，所以货币供给量是不能适应经济变化和发展需要的。在不兑换本位制

的条件下，当地的政府是可以决定货币供给量的。所以，不兑现本位制更有利于政府对经济的调节。

◎纸币本位

纸币本位制，也可以称之为"自由本位制"。纸币本位制是以国家发行的纸币作为本位货币的一种货币制度。纸币本位制其特点是国家不规定纸币的含金量，但是不允许纸币与金（银）兑换，纸币作为主币流通，纸币本位制的缺点是具有无限法偿能力。为此，国家发行少量金属铸币作为辅币流通，用于平衡市场。发行纸币是国家的特权，在中央银行国有化之后，国家便委托中央银行发行纸币。辅币价值与用以铸造它的金属商品价值无关。

▶知识链接

你知道纸币是使用什么形式发行的吗？中央银行发行纸币的方式是通过信贷程序进行的，所以纸币实际上是一种信用货币。由于纸币这种货币制度不与黄金挂钩，纸币发行量一般由国家根据经济发展需要来决定的，国家要对纸币的发行量实行严格的控制，所以也叫"有管理的通货制度"。当今世界各国的货币制度，几乎都是纸币本位制。

|拓展思考|

1. 哪些国家还保留着银本位制？
2. 英、法、美等国在什么时候采用过复本位制？

货币的职能

Huo Bi De Zhi Neng

◎货币概述

经济学中的货币，广义地讲，是用作交换媒介、价值尺度、支付手段、价值储藏的物品。狭义地讲，是用作交换商品的标准物品；具体地讲，货币具有延期支付标准、价值储藏、交换媒介、世界货币、价值标准等职能。

◎货币本质的具体表现形式

货币随着商品经济的发展而逐渐完备起来。货币在发达的商品经济中，它具有流通手段、贮藏手段、价值尺度、世界货币和支付手段五种职能。货币其中最基本的职能是流通手段和价值尺度。

◎价值尺度

货币作为社会劳动的直接体现是价值尺度。货币本身也是一种商品，货币是可以以自己为标准与其他商品进行量的比较，而通过这种比较商品的价值形式就转化为价格形式，商品通过货币进行表达的价值形式即为价格。

货币具有执行价值尺度这一职能，在执行这一职能时，货币只需以观念上的或想象中的形式存在就可以了，不过它的单位就必须依赖于现实中所流通的货币。货币的本身也可以作为一种商品，作为商品不同货币之间，也就会存在量的差别，因此人们就为货币制定了一个量的标准，即规定价格标准。由于货币的价值尺度功能，使得人们可以将不同形式的商品先转化为货币的价格形式，然后再与其他商品进行交换。

※ 价值尺度

◎商品内在的价值尺度的表现形式

在商品交换过程中，货币成为一般等价物，可以表现任何商品的价值，衡量一切商品的价值量。货币作为价值尺度，就是把各种商品的价值都表现为一定的货币量，以表示各种商品的价值在质的方面相同，在量的方面可以比较。因为各种商品都是人类劳动的凝结，它们的本身具有相同的质，所以可以在量上进行比较，并不是因为有了货币才可以互相比较。商品的价值量是由物化在该商品内的社会必要劳动量来决定的。但是商品自己不能直接表现自己，因为商品价值是看不见、摸不到的，它必须要通过另一种商品来表现。货币被作为价值尺度，用来衡量其他商品的价值，也就是把各种商品的不同价值都用一定量的货币来表现。其中，货币就充当了商品的外在价值尺度。

商品的价值能够用一定数量的货币表现出来，就是商品的价格。商品的价值是商品价格的基础，商品价格是商品价值的货币表现。货币作为价值尺度的职能，就是需要根据各种商品的价值大小，把它表现成各种各样不同的价格。例如，1只猪值1两金，在这里1两金就是1只猪的价格。

货币在执行价值尺度的职能时，并不需要有现实的货币，执行价值尺

度只需要观念上的货币。例如，1辆自行车值1克黄金，只要贴上个标签就可以了。当人们对这种价值进行估量的时候，只要在他的头脑中有金的观念就行了。用来衡量商品价值的货币虽然只是观念上的货币，但是这种观念上的货币仍然要以实在的金属为基础。人们不能任意给商品定价，因为在金的价值同其他商品之间存在着客观的比例，这一比例的现实基础就是生产两者所耗费的社会必要劳动量。在商品价值量一定和供求关系一定的条件下，商品价值的高低取决于金的价值大小。

◎复本位制和单一金本位制

历史上，有一些国家曾一度实行过金、银复本位制，他们在同一时间把金和银两种贵金属都充当了价值尺度。这种情况下，所有的商品就会拥有两种不同的价格，两种不同的货币表现。当使用金作为价值尺度来表现商品价格时，是商品的金价格。在商品价值不变的情况下，商品的价格会随着金本身的价值成反方向变动，也就是说一旦金的价值有所降低，商品价格就会相应地被提高；一旦金的价值有所提高，商品的价格也就会相应地下降。使用银作为价值尺度来表现商品价格时，就是商品的银价格。在商品价值不变的情况下，商品的价格也会随着银本身的价值成反方向变动，也就是说一旦银的价值有所降低，商品价格就会相应地被提高；一旦银的价值有所提高，商品价格也就会相应地下降。但是，人们无法保证金和银的价值比例能够一直保持不变，因而，就无法保证这两种价格可以安然并存了。金和银这两种价值尺度，任何一种的价值一旦有了变动，就会扰乱商品的金价格和银价格之间的比例，造成价格的混乱。事实证明，价值尺度二重化与价值尺度的职能是相互矛盾的。在同一流通领域内，只能把一种商品充当为价值尺度。所以，在资本主义货币史上，复本位制终究还是被单一金本位制所替代。

◎流通手段

在执行货币流通手段之后，商品的交换也就有了可能。流通手段也就成了货币价值尺度职能的发展。货币产生之后，商品之间的交换就由原来物物交换转变成了以货币为媒介的交换。也就是说，由商品与商品的交换变成了商品与货币，货币再与其他商品的交换。这两者之间不仅存在着形

式上的区别，也存在着性质上的区别。当货币执行流通手段这一职能时，就必须要使用现实的货币，而不能再使用观念上的货币了。

◎物物交换转化为商品流通

在货币作为流通手段出现以前，商品之间交换是直接的物物交换。在货币出现以后，它在商品交换关系中起到了媒介的作用。把货币作为媒介的商品交换就是商品流通。商品流通由两个过程组成，分别是把商品变为货币和把货币变为商品。这一阶段是非常重要的，但实现起来却十分困难。因为，一旦商品卖不出去，就无法使原来的商品形态转化为货币形态，这时商品的使用价值和价值也就无法实现，而商品所有者这时就有可能会破产。

当把货币作为交换的媒介，在商品流通中执行流通手段这一职能时，就会直接打破原来单一的物物交换和地方方面的限制，从而扩大商品交换的数量、品种和地域范围，更好地促进了商品交换和商品生产发展。

◎货币作为流通手段的货币形式

最初，人们是把金或银做成条块的形状，来充当流通手段的货币。但金属条块在成色和重量方面各不相同，所以在每次买卖之前都要先验成色，秤重量，很不方便。随着商品交换的不断发展，金属条块逐渐被铸币所代替，因为铸币是具有一定的重量、成色和形状。铸币的产生使货币作为流通手段这个职能得到了更好地发挥。铸币在流通中会被不断地磨损，它的实际重量与货币的名称也就逐渐地脱离了，成为了不足值的铸币。当货币作为价值尺度时，它必须是足值的，可以是观念上的货币；但当货币作为流通手段时，它可以是不足值的，但必须是现实的货币。

这是什么原因呢？这是由于货币在发挥流通手段这一职能时，只是作为转瞬即逝的一个媒介物，即使是不足值的铸币，甚至是完全没有价值的货币符号，都可以用来代替金属货币流通。例如，用铜铸成的辅币，就是用贱金属铸成的，它是一种不足值的铸币。再例如纸币，它是由国家发行并强制流通的，纯粹只是一个价值符号而已。纸币本身并没有价值，它只是代替金属货币来执行流通手段这个职能，它也只能代表商品流通中所需要的金属货币。如果纸币的发行超过了正常的商品流通中所需要的金属货币量，每单位纸币代表的金量就会相应地减少，而商品的价格就会相应地上涨。

用货币来充当流通手段这个职能，不仅使商品的买和卖打破了时间上的限制，还打破了买和卖空间上的限制。一个商品所有者在出卖商品以后，可以在别的地方购买任何其他商品，也可以就地购买其他商品。一个商品所有者在出卖商品之后，却不一定马上就买。这样就有可能使买和卖产生脱节，有一部分商品所有者只卖不买，而另一部分商品所有者的商品就会卖不出去。这时，货币作为流通手段就有可能会引起经济危机。

◎货币流通

※早期的人民币

货币作为流通手段，在商品流通过程中，不断地当作购买手段，实现商品的价格。商品经过一定流通过程以后，必然要离开流通领域最后进入消费领域。但货币作为流通手段，却始终留在流通领域中，不断地从购买者转移到出卖者手中。这种不断地转手就形成了货币流通。货币流通是以商品流通为基础的，它是商品流通的表现。货币作为流通手段，需要有同

商品量相适应的一定数量。在一定时期内，商品流通所需要的货币量由待售的商品价格总额和货币流通的平均速度二者决定。在一定时期内，商品流通所需要的货币量，等于全部商品价格总额除以同一单位货币流通的平均速度。商品流通所需要的货币量与商品价格总额成正比：商品价格总额大，流通中所需要的货币量便多；商品价格总额小，流通中所需要的货币量便少。流通中所需要的货币量同货币流通速度成反比：货币流通速度快，流通中所需要的货币量就少；货币流通速度慢，流通中所需要的货币量就多。

◎贮藏手段

贮藏手段也就是贮藏财富（财富的象征），这里的财富指的不是观念上的货币，而是足值的金银条，例如：如金属条块等。

货币贮藏在一般情况下，会直接采取金银条块的形式，不过也可以采取其他的贮藏形式，例如，把金银制成首饰或装饰品等贮藏起来。当流通中所需要的货币量减少时，多余的货币就必须退出流通；而当流通中需要的货币量增加时，一部分被贮存的货币就会重新进入流通。所以说，能够充当贮藏手段的货币，必须是足值的、实实在在的金银货币。只有金银条块或金银铸币才能发挥货币的贮藏手段职能。纸币不具备贮藏手段的职能。

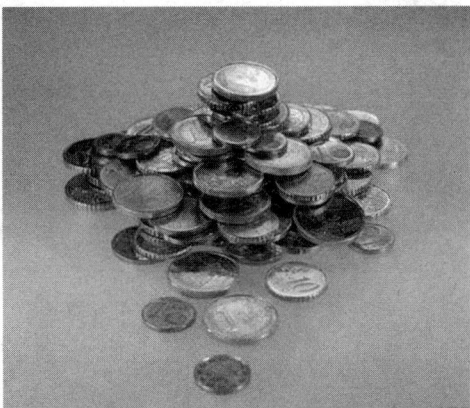

※ 各种金属货币

货币的贮藏手段职能，也就是货币退出流通领域作为社会财富的一般代表被保存起来的职能。货币作为贮藏手段能够自发地调节流通中的货币量。只有在纸币的币值保持长期稳定的情况下，人们才会储藏纸币。纸币具有储存手段的职能，但不具备贮藏手段的职能。当货币在执行价值尺度的职能时，它可以是观念上的货币；当货币作为流通手段的职能时，它也可以用货币符号来代替。但是当货币作为贮藏手段的时候，就必须是实实在在的货币，也必须是足值的金属货币。所以说，只有金银条块或金银铸币才具备贮藏手段的职能。货币在量的方面，每一个具体的货币额都是有限的，只充当有限的购买手段；但货币又能够直接转化为任何商品，所以在质的方面，它又是无限的，它能够作为物质财富的一般代表。货币有限性的量和无限性的质之间的这种矛盾，会迫使货币贮藏者去贪婪地积累货币。而货币贮藏者的这种贪欲又是永无止境的。甚至有的时候，会出现这种情况：货币贮藏者为了积累货币而放弃自己肉体的享受。

◎货币贮藏的作用

※ 如何储藏财富？

货币具有贮藏手段，而贮藏手段又可以自发地调节货币的流通量，起到蓄水池的作用。当市场上商品的流通缩小，流通中的货币过多的时候，就会有一部分货币退出流通界，而被贮藏起来；当市场上商品的流通扩大，货币的需求量被增加的时候，就会有一部分处于贮藏状态的货币，重新进入流通。

当然，如果纸币发行过多，就不能保持它原来所具有的购买力，人们当然也就不愿意保存它了。由此可见，就算纸币具有贮藏手段的职能，条件也是有限的，而且也是不稳定的。

对于纸币是否能充当贮藏手段这个问题，人们存在着不同的观点。只有足值的、实实在在的金属货币，才能充当贮藏手段，人们才愿意保存它，这是传统的观点。也有人认为，只要纸币的发行数量不超过商品流通中所需要的金属货币量，纸币就能够代表相应的金属量，一直保持比较稳定的社会购买力。在这样的情况下，纸币也是能够执行贮藏手段这一职能的。

◎支付手段的产生和特点

支付债务、地租、利息、税款、工资等，都是货币支付手段的作用，需要用到现实的货币。它是随着商品赊账买卖的产生而出现的。

货币作为支付手段这样的职能，是适应商品交换发展和商品生产的需要而产生的。因为在商品交易初期的时候，都是需要用现金来支付的。但是各种商品的生产时间却并不相同，有的时间要长一些，有的时间要短一些，还有一些带有季节性。在把货币当作支付手段的条件下，买者和卖者

※ 金钱的作用

的关系已经是一种债权债务关系，而不是简单的买卖关系了。货币贮藏者把商品变为货币，是为了更好地保存商品的价值；而债务者把商品变为货币则是为了还债。而且，各种商品销售时间也有所不同，有些商品可以就地销售，销售的时间就要短一些，而有些商品需要运输到外地去销售，销售的时间自然就要相对的长一些。在商品生产和商品销售时间上的差别，使一部分商品生产者在自己的商品还没有生产出来或是尚未开始销售之前，就需要提前向其他的商品生产者赊购一部分商品。把商品的让渡和商品价格的实现在时间上分开来，也就出现了所谓的赊购现象。在赊购商品之后，就要约定日期去清偿债务，这时货币就要执行支付手段这个职能。等价的货币与商品，就不会在售卖过程的两极上同时出现了。这时，首先要把货币当作价值尺度来计量所卖商品的价格。货币被作为观念上的购买

手段，把卖者手中的商品转移到买者的手中时，也会有货币从买者手中转移到卖者手中。当货币发挥支付手段这一职能时，把商品转化成货币这个目的就会发生变化，一般商品所有者出卖商品，是为了把商品转换成货币，再把货币换成自己所需要的商品。把货币作为支付手段时，商品形态变化的过程也会发生变化。从卖者方面来看，商品变换了位置，可是他并未取得货币，延迟了自己的第一形态变化。货币执行价值尺度是观念上的货币，货币执行流通手段可以是不足值的货币或价值符号，但作为支付手段的货币必须是现实的货币。从买者方面来看，在自己的商品转化为货币之前，完成了第二形态的变化。在货币执行流通手段的职能时，出卖自己的商品先于购买别人的商品。当货币执行支付手段的职能时，购买别人的商品先于出卖自己的商品。作为流通手段的货币是商品交换中转瞬即逝的媒介，而作为支付手段的货币则是交换过程的最终结果。货币作为支付手段，开始是由商品的赊购、预付引起的，后来才慢慢地扩展到商品流通领域之外，在商品交换和信用事业发达的资本主义社会里，就日益成为普遍的交易方式。

◎世界货币

世界货币不仅具有价值尺度这个职能，还具有其他一些职能。首先它可以充当一般购买手段，也就是一个国家直接用金、银向另外一个国家购买商品。其次它也可以作为一般支付手段，用来平衡国际贸易的差额，例如：偿付国际债务，支付利息和其他非生产性支付等。

在世界市场上，货币执行着一般等价物的职能。由于国际贸易的发生和发展，货币的流通就会超出一国的范围，于是货币就拥有了一个新的职能——世界货币的职能。作为世界货币，必须是实实在在的、足值的金和银，以金块、银块的形状出现，并且必须脱去铸币的地域性外衣。这样一来，原来在各国国内发挥作用的纸币以及铸币等，在世界市场上也就都失去了作用。

货币在国内流通中，一般只允许以一种货币商品充当价值尺度。而在国际上，由于有的国家把金作为价值尺度，有的国家把银作为价值尺度，所以在世界市场上金和银也就可以同时充当价值尺度的职能。到了后来，金在世界市场上取得了支配地位，于是便主要由金来执行价值尺度的

职能。

货币作为社会财富的代表，充当着国际间财富转移的手段，它可以由一国转移到另一国。例如，输出货币资本、支付战争赔款或由于其他原因把金银转移到别国去。在当代，世界货币的主要职能是充当国际支付手段，用来平衡国际收支的差额。

每个国家都会贮藏一定量的金、银作为准备金，这是为了适应世界市场的流通。这笔世界货币准备金随着商品在世界市场上的流通

※ 外国货币

速度而增减。过多的货币贮藏，在一定程度上表示商品流通的停滞。由于货币充当着支付手段，所以为了到期能偿还债务，就必须积累货币。随着资本主义的发展，作为独立的致富形式的货币贮藏减少以致消失了，而作为支付手段准备金形式的货币贮藏却增长了。

◎货币支付手段的作用

货币作为支付手段，起着很大的作用。它可以减少流通中所需要的货币量，节省大量现金，从而促进商品流通的发展。当货币在执行支付手段这一职能时，商品流通中所需要的货币量就可以用以下公式表示：

商品价格总额/同一单位货币的平均流通次数＝商品流通中所需要的货币量

货币作为支付手段，也进一步扩大了商品经济矛盾。在许多商品生产者之间的赊买赊卖的情况下，就会发生债权债务关系。如果其中一些人到期不能支付，就势必会引起一系列连锁反应，"牵一发而动全身"，使整个信用关系都会遭到破坏。比如，其中某个人在规定的期限内没有将自己的

商品卖掉，他就不能按时偿债。无论支付链条上哪个环节发生中断，都有可能引起货币信用危机。

银行券、期票、汇票、支票等信用货币，是从货币作为支付手段的职能中产生的。随着资本主义的不断发展，信用事业也得以不断发展，货币作为支付手段的职能也就越来越大，以致信用货币在交易中起着很大的作用，而铸币也就只能被赶到小额买卖的领域中。

金、银作为世界货币具有二重性：一方面，金和银从它的产地散布到世界市场，被各个国家的流通领域所吸收，被磨损的金、银铸币，就会被充作装饰品、奢侈品的材料，并且凝固为贮藏货币。这个流动体现了商品生产国和金银生产国之间劳动产品的直接交换。另一方面，金和银又随着国际贸易和外汇行情的变动等情况，在各国之间不断地流动。

知识拓展

·世界货币·

货币在世界市场作为一般等价物发挥作用时，我们称其为世界货币。作为世界货币，必须有十足的价值，并且是贵金属块，按其实际重量来发挥其职能。纸币不能充当世界货币，如现在的美元等只是充当国际支付手段和结算手段，还称不上世界货币。实际上，发挥世界货币职能的就是金块、银块。

在世界市场上购买国外商品时，货币可以用来支付国际收支差额。需要现实的货币，是作为社会财富的代表在国与国之间转移时产生的。

拓展思考

1. 货币具有哪些职能？
2. 支付手段的作用是什么？

并非所有的物品都是商品

Bing Fei Suo You De Wu Pin Dou Shi Shang Pin

商品的定义在会计学中指的是商品流通企业委托加工完成或外购，然后经验收入库用于销售的各种商品。商品的价值和使用价值属于商品的基本属性。价值属于商品的本质属性，而使用价值属于商品的自然属性。商品的这两大属性具有对立性和统一性。

◎商品的定义

商品的不同定义目前主要有以下三种：

（1）商品是为交换而生产（或用于交换）的，对他人或社会有用的劳动产品。

（2）商品是用来交换的劳动产品。

（3）商品是经过交换且非进入使用过程的劳动产品。

※ 货币

◎狭义的商品

狭义的商品指的是符合定义的有形产品。

◎广义的商品

广义的商品不仅可以是有形的产品，也可以是无形的服务。比如"保险产品""金融产品"等。

在商标法中，适用于狭义的商品有关的规定，同样也适用于服务。

◎商品的价值

商品的价值指的就是凝结在商品中无差别的人类劳动。商品的价值是商品的本质属性、共同属性。商品的价值是商品特有的。

◎商品的交换价值

商品能够满足人们需要的物品的有用性，这就是商品的使用价值。不同的商品当然就具有不同的使用价值，而不同的使用价值是由商品本身的自然属性来决定的。因为同一种商品具有不同的自然属性，所以它就具有多方面的有用性。商品的使用价值能够维持人类的生存和繁衍，也是维持社会的生存和发展所必需的。所以说，无论财富的社会形式如何，构成财富的物质内容总是使用价值。

商品的交换价值，指的是一种使用价值与另一种使用价值相互交换的量的关系或比例。之所以这两种不同的使用价值能够按一定的比例相交换，是因为它们之间存在着某种共同的东西。这种共同的东西首先在质上应该是相同的，继而才可以在量上进行比较。凝结在商品中无差别的一般人类劳动，就是这种同质的共同东西。而商品的价值，指的是商品中的这种无差别的一般人类劳动的凝结。因而，价值是交换价值的内容，交换价值是价值的表现形式。价值不仅体现了商品生产者之间互相交换劳动的社会生产关系，也反映了商品的社会属性。

◎辩证关系

人们总是把商品的使用价值和价值看作一个整体，把它们称作商品的二因素。价值是交换价值的基础，交换价值是价值的表现形式。在任何的社会经济形态中，商品使用价值和商品价值都是相互矛盾的统一体。一方面来说，商品的使用价值和价值缺少任何一个因素都成不了商品，它们是统一的。价值存在的基础是使用价值的存在，而使用价值是价值的物质承担者。另一方面来说，商品的使用价值和价值又是相互矛盾的。使用价值反映的是人与自然的关系，因为它是作为商品的自然属性而存在的；价值反映的是商品生产者之间的社会关系，因为它是作为商品的社会属性而存在的。使用价值是包括商品在内的一切有用物品所共有的属性，是永恒的

范畴；而价值是商品经济的范畴，是商品所特有的属性。商品生产者生产一种商品，是为了取得商品的价值；而消费者购买一种商品，则是为了取得该商品的使用价值。所以，商品必须先证明自己具有一定的社会使用价值，才能实现其自身的价值；而为了实现其自身的价值，又必须先具有一定的使用价值。由此可见，一种具有使用价值的劳动产品，如果只是无偿地交付给别人使用，或者只是用来满足商品生产者自己的需要，都是无法成为商品的；只有使商品生产者实现商品的价值，使消费者得到使用价值，通过商品交换把商品卖出去，商品的使用价值和价值之间的矛盾才能得到真正地解决。

◎商品的其他属性

商品的其他属性可以分成以下几类：

固定属性

商品的固定属性主要指的是一种商品相对不变的属性，例如商品编码、商品条码、生产厂家、商品名称、商品类别等。一般情况下，这些属性是不会发生变化的。只有在特殊情况下才会有一些变化，例如商品类别，同一种商品对于不同的商场，在小类划分的时候，可能就会有不同的归属。商品编码一般也不会发生变化，但如果商场的经营部门发生了变化，它就有可能会发生变化，这就要取决于商场计算机系统内现有的商品编码规则。

商品的固定属性在零售企业也是会有一定的变化，这主要也取决于计算机系统的编码规则和系统设计时的设计思想。比如说，对于百货业态，为防止混乱，一般情况下都禁止重复经营，一种商品一般只属于一个部门。于是，商品所属部门就可以成为这个商品的固定属性之一。而对于连锁店，这一规则就无法成立，因为在连锁店中一种商品往往同时属于多家销售门店，甚至配送中心。这个时候，商品所属部门就成了一个变化量和不确定量，因为事先无法确定可以销售这种商品的连锁公司有几家门店，也无法确定连锁公司最终会发展多少家门店。对于这种情况而言，商品的部门隶属属性就成了变化属性。这种属性对于百货店，当然也可以放在变化属性中进行处理，但有时会明显感觉不合理。这个时候就要考虑到系统运行性能，考虑放在哪种属性之内，系统的处理会更有效，编程会更简洁。

固定属性还可以进一步进行区分，分成管理属性和经营属性。商品的管理属性是指为满足在经营过程中的进一步要求而设置的属性，如商品保质期、保修期、某些商品的最高最低库存、商品的各种损耗率等。商品的经营属性主要指的是在日常商品流转过程中涉及到的各种属性，如商品编码、名称、生产厂家、条码等，都属于这一属性。它们在正常经营的过程中是必不可少的。这些属性的作用都需要在一定的条件下才能发挥，例如经营管理人员对计算机系统要比较熟悉，基础数据要全面和稳定，企业的日常经营管理要比较成熟等。粗略地来看，有一些属性是日常经营所必需的，但实际上，如果外部条件没有具备，计算机系统是很难对它们进行管理。所以说，尽管这些属性是日常经营所必需的，在系统运行早期，有许多属性还是需要通过手工管理来实现。

变化属性

变化属性指的是经营过程中会发生变化的属性，比如商品价格、商品数量、进货人员、供货单位等。对于变化属性，同样也有管理和经营性质之分。

商品变化属性中的管理属性有：商品保本保利期、商品陈列位置、商品库存位置、商品建议进货量、商品进货费用、商品供货周期、商品建议零售价格、竞争对手商品售价等。

商品变化属性中的经营属性有：商品批次、进货数量、进货价格、销售价格、所属库房、经销代销性质、进货价格是否含税等。

劳动二重性

商品具有二重性是因为生产商品的劳动具有二重性，既是具体劳动又是抽象劳动。

具体劳动是在一定的具体形式下进行的劳动，千差万别的具体劳动创造出千差万别的使用价值。抽象劳动是指撇开劳动的具体形式无差别的一般人类劳动，即人的体力和脑力的生产性支出。它是商品价值的惟一源泉。

商品的价值量是由生产商品所耗费的劳动量决定的，而劳动量是用劳动时间来衡量的。私人劳动与社会劳动的矛盾是商品经济的基本矛盾。

◎正确处理和理解商品的其他属性

商品的管理属性是高级属性，经营属性是基础属性。管理属性必须依

赖于基础属性。商品固定属性是更为基础的属性，它也是商品变化属性的基础。商品的固定属性可以说是最基础的部分。

另外，在某些条件下商品的各种属性是可以互相转化的，例如商品的隶属关系。商品的最高最低库存也有类似性质。如果商品的销售波动小、不太受季节的影响，它的最高最低库存就可以放在固定属性内。

把商品属性进行分类的主要目的是根据这些属性的作用使商品得到合理使用。

商品属性对于开发商而言，他们可以据此对应用程序的设计、用户界面进行合理的组织。还可以根据不同的商品属性将应用软件的功能进行划分，从而达到界面功能清晰简洁、主次分明的目的。这样还可以降低培训用户的难度和用户的使用难度。

各种不同的商品属性，就对应了不同的管理难度和管理层次，用户只有了解商品的各个属性之后，才能从最基本的工作开始一步步稳定地向前走，才能正确地掌握应用系统的使用方法，从而提高企业的经营效益。例如在系统投入运行的初期，企业就应当把注意力放在经营属性上，这样能够有效地利用计算机系统把原有的手工经营过程管理起来。当基础数据和经营数据能达到完整、可靠时，再把管理属性加入到原有的基础上，使整个应用系统的运行效率得到进一步提高，使企业的经营水平也得到进一步提高。这样，就可以由易到难、由浅入深，一步步地使整个企业的管理水平都得到提高。

◎在经营管理中的作用

固定属性

所有的应用功能都要通过固定属性才能发挥作用，固定属性是应用系统最底层的基础。这部分属性关联事物多，数据量也很大，涉及的范围也很广。

经营属性

无论是数据准备错误还是系统设计错误，都会给应用系统带来很多后患。经营属性是不允许有任何错误存在的。例如，一件商品的编码错误，就会造成从合同、进货、销售、结算等一系列相关过程的全部错误。而且其中的许多错误是无法消除的。又例如，商品的供货单位如果不放在变化属性中，而被放在固定属性中，那就无法同时从两家供货商那里进货。这样就会造成商品断档或者无法结算等。如果商品的固定属性被当成变化属性，也会造成大量的麻烦和错误。例如，商品名称没有在商品档案中定义，那么在系统使用过程中，用户就需要花费大量的时间录入相应的汉字，对使用造成极大的不便。此类错误甚至会造成整个系统的错误。因而，在数据准备过程中，一件商品所对应的编码、条码、名称、生产厂家、商品所属类别等，都要进行严格认真地核对，以防出错。从实践所反馈的大量情况来看，大部分错误主要是因为没有对基础数据给予足够重视造成的，都是在数据准备过程中产生的。

管理属性

因为这些属性要发挥作用，而应用系统的数据又必须完整而准确。否则就会花费很多人力物力却没有实际效果。所以说管理属性又可以被视为高级属性。例如，库存上下限的属性，如果实际库存的数量不清楚，那么这种属性指定即使再合理也没有任何用处。又例如，商品的保本保利期，如果实际销售数量是错误的，那么商品的保本保利期也肯定是错误的。

很明显，商品的管理属性对企业效益提高起着很大的作用，这些属性对企业是十分重要的。首先从简单的角度来看，商品和其他实体的经营属性的使用为企业的有效经营和管理提供了可能性，它们为系统提供了一个最基本的数据平台。但是它们自身对企业效益提高，又是非常有限的。例如销售额，它本身可以具有许多意义，对销售额的分析就必须有更深入的数据来提供；进货合同的统计数据中有合同金额、合同数量、合同明细等，如果不对供货厂商的供货信誉、供货周期、供货商品的质量等进行管理，就很难有效的控制合同的执行情况，就很难达到通过对合同的管理提高进货质量的目标。如果合同金额、合同数量、合同明细本身就不正确，那么其他数据就毫无意义。

因为管理属性对整个系统具有长期影响，所以说在固定属性中管理属性对系统影响是很大的，几乎相关变化属性的每一次使用都要受它的影响。由此可见它属于全局性的属性，在使用过程中一定要十分认真地对待。一些固定属性与变化属性的关系是十分密切的，例如，商品的保质期是一个绝对值，它要与商品进入保质的起点日期联系起来对商品才有意

义。对于这类属性的划分要尤其注意。如果把保质天数放在了变化属性里，那么操作起来就很麻烦，也容易发生数据错误。

变化属性

商品流转过程中所反映出来的内容，就是商品的变化属性，这些属性的数值是变化的，比如商品的进货价格。每次进货的价格与上次都可能会有所不同。它反映了在不同阶段的商品在流通过程的变化情况。只要掌握了这些变化，就能掌握经营的规律，从而及时地调整商品经营策略，提高经营效益。

经营属性

这些属性是在商品经营过程中最重要的原始经营数据。包含进货数量、进货价格、进货部门、进货日期、保质起始日期、进货费用、采购员、供货单位、进货批次、结算日期、结算方式、经代销、零售单价、库存数量、盘点数量、盈亏数量等项。

这些属性的特点是在商品的经营过程中随时可能发生变化。因为它们是随着商品流动过程发生的，所以有时这些属性也被称为流动属性。这些属性决定了商品的经营过程，是整个信息系统中最重要的属性。如果这部分属性所对应的数据在经营过程中没有错误，整个计算机信息系统的设计和用户的使用就是基本成功的，因为系统已经可以独立支持完整的经营过程了。对于国内大多数零售企业来说，这是一个重要的标志，它在一定程度上表示了系统的成功。

管理属性

它是在流动属性中对更高的管理要求提出的。同样，它要在正常经营数据的基础上才能发挥作用。所以说它与固定属性中的管理属性一样，也是一种高级属性，这类属性包括保本保利期（在进货费用、商品损耗等基础上生成的）、最高商品库存、最低商品库存、商品保质期、商品存放地点、参考加价率（用于商品的参考定价）、商品陈列位置、商品划分标准、商品供货周期等。这类属性中有一些需要与固定属性中的管理属性相结合，例如商品保质期，需要流动属性中的起始日期和固定属性中的保质天数来确定。我们可以从这些属性的大致内容看出，对企业的经营来说，变

化属性中的管理属性是十分有用的。我们通过上面的简单讨论，也大致了解了这些属性的使用是需要相当严格的管理为基础的。

从各种属性管理的严格程度角度看，经营属性要比管理属性更加严格。经营属性的数值是不允许有错误的，因为在固定属性中，经营属性反映的是客观事实，不能有错。而变化属性中，绝大多数的经营属性都是经营数据，是财务原始数据，所以不允许有丝毫差错。如果日常的经营连财务账都对不上，供货单位和商品名称都不对，也就不可能谈到管理了。这也正是管理属性为什么要在经营属性的基础之上发挥作用的一个重要原因。

与此相反，管理属性的严格性与经营属性的要求相比就要松得多。因为管理属性主要反映的是基本定量和定性的数据，不具备财务账务的性质。大部分情况下，对于业务人员来说，这些数据只是一个参考指导性的数据。这些数据当然要比手工管理状态下的结果要客观、准确得多，甚至可以说不是同一个概念。因为手工管理能够处理的数据量非常小，处理和运算过于简单，因此许多结果并不准确甚至可能是错误的。

由此可见，在数据量稍有误差或不十分充分的情况下管理数据仍然可以发挥正常作用。在大多数情况下，即使基础数据不太准确的情况下，它依旧能够给经营者提供准确的方向，让经营者做出正确的经营调整策略。例如商品的保本保利期，就算从算法角度，也可能会有各种不同的结果，但结果大致是相近的，自然也就可以为经营管理人员提供相对有价值的参考。

◎商品的特征

作为商品，第一必须是劳动产品。换而言之，如果不是劳动产品就无法成为商品。例如，自然界中的阳光、空气等，虽然它们也是人类生活所必需的，但它们并不是劳动产品，所以它们也就不能叫做商品。

※ 货币的特征

其次，作为商品，还必须要用于交换。作为商品，它与交换总是分不开的。换句话说，即便是劳动产品，如果不是用来交换，也不能称之为商品。例如古时候，在传统的男耕女织式的家庭中，他们通过生产所种出的粮食和织出的布，虽然都是劳动产品，但并不用来与他人交换，只是供家庭成员自己使用，因此也不是商品。

第三，作为商品就要对社会或他人有用。有用才能发生交换，否则就无法发生交换。

◎商品及商品的价值

商品是具有所有权并可以用来与别人交换的财富，也就是说，商品是可以用来与别人交换的财产。所以，商品和所有其他财产一样，都具有两种价值属性，也就是商品本身相对于人的需求的财富价值和相对于人们获得它而付出代价的财产价值。

很明显，商品的财产价值指的是它的所有权价值，而不是商品本身所具有的价值，所以说一旦所有权消失，那么商品的财产价值也就不存在。

而商品的财富价值指的是相对于人的需求的满足价值。人们对事物的需求度大小决定着它的满足价值的大小，人们对它的需求度越是大，它的满足价值也就越大，反之就越小。由此可见，人们对商品的需求度越大，那么该商品的财富价值也就越大，反之财富价值也就越小。在这里需要说明的是，商品的财富的多少和财富价值大小并不是一个概念，财富的多少反映的是商品的单位数量的多少，而财富价值指的则是商品相对于人的需求所具有的满足价值。当然，单位商品的数量越多、财富价值越大，总的财富价值肯定也就会越大。

获得该商品所有权必需付出的总代价指的就是商品的财产价值，它包括了体力上、精神上等耗费和物质上的损失。比如，你自己手工制作一个皮包，它的财产价值应该等于你购买皮革和缝线等物品用去的费用和加工制作时耗费的时间和劳累等所付价值的总和，这就是你对自己制作这个皮包的所付价值大小的判断。再比如，你走了5里路买了1条香烟，那么这条香烟的财产价值就等于买这条香烟付出的钱以及走路耗费的体力、时间之总和的所付价值。如果有一个人也走了与你相同的路程，用了同样的时间，但是却买了10条香烟，那么他在每条烟上所付价值相对于你来说就

要小一些。虽然他在每条烟上付出的钱和你是一样的，但所耗费的体力和所用的时间就相对要少一些。因此他每条烟的财产价值比你的那条烟的财产价值就要小一些。

商品作为财产是可以用来进行交换的。比如说，一个人用 2 件上衣与另一个人换了 20 斤苹果；一个人用自己一套在北京的住房与另一个人在上海的一套住房交换等等。商品的这种交换往往被人们看成是商品本身在交换过程中发生了易手或交换，但我们却可以从中发现一个与我们以往所理解的完全不同的奇妙现象，也就是说，在商品的交换过程中，并不一定是商品本身发生易手或交换，而是对商品的所有权发生了易手或交换，也就是商品交换的双方对各自商品的所有权进行了交换。

所有权和商品原本是可以分离的两个东西，但人们往往将两者视为一个整体，所以当商品在进行交换时，人们很难看清楚是商品本身的交换还是商品的所有权进行交换。在这里，我们需要指出的是：商品交换的本质是一种权利的交换，也就是商品所有权的交换。所以说，商品交换的本质并不是商品的实体发生了交换，而是商品的所有权发生了交换。商品实体的交换只是一个表面现象，而商品所有权的交换才是本质。

◎与产品的区分

一般情况下，商品的范围指的是两个不同的劳动产品集合的差集。这两个集合一个是经过交换的劳动产品的集合，它包括从第一次交换实现开始到劳动产品毁灭为止；中间所有的劳动产品，是已经进入使用过程的劳动产品，它包含从最后一次交换实现开始到劳动产品毁灭为止。

商品过程有的经历的时间短，有的经历的时间长。如果有的劳动产品生产出来即刻就被使用者买到手里，那么它的商品过程就是一瞬间。

进入使用过程的劳动产品和未经过交换的劳动产品都被排除在商品之外。

使用者经过交换所获得的产品，如果使用了一段时间后又售出，那么该产品就经历了二次商品过程。

◎物流中的商品

物流学中的"物"和商品的概念是互相包含的。商品中一切可发生物

理性位移的物质实体，也就是商品中凡具有物质实体要素及可运动要素的，都是物流研究的物。也有一部分商品不属于此。由此可见，物流学的"物"有可能是商品，也有可能是不是商品。而商品实体仅是物流中物的一部分。

◎区分原则

商品多种多样，形形色色，可以区分有以下四条基本原则：

物质原则

要将一种商品进行具体地区分，首先就要从商品的物质上考虑。商品是物质，是客观存在的，不同的商品，它的物质内容的存在形式都会有所不同。商品的物质特征指的是商品的物质内容与存在形式。物质特征不同的商品，品种也是不同的，这就是区分商品的物质原则。

商品的装潢、外形、商标等是商品的存在形式，而性能、工艺、质量、用途等是商品的物质内容。如果按照商品的物质原则来区分，数量相同的同种商品必须同质。如果严格细分，商品的物质特征就有无限多种，特别是手工产品更是如此。实际上人们并没有严格细分，而是制定出了几条标准，之后根据这些标准把商品分为有限多种。比如说，人们根据面粉的精细程度，把面粉区分为精粉和标准粉两种。黑白电视机与彩色电视机虽然都能收看电视节目，但是由于性能上的差异它们成为了不同的电视机。虽然自来水与矿泉水主要都是水，但因它们所含的矿物质不同，而被分成了不同的商品。易拉罐装的可口可乐与大桶装的可口可乐也是不同的商品。从物质特征上把商品加以区分，这在商业竞争中是非常重要的。厂家在竞争中为了能够立于不败之地，就会竭力地标榜和宣传自己产品的物质特征，如精细的工艺、优越的性能、舒适的感觉、美的享受、不同的商标等等，广告宣传就是如此。

时间原则

要把商品从它的存在时间上加以区分，商品存在的时间被称为商品的时间特征。生产与消费环境都会因为时间的变化而变化，所以在不同时间内存在的商品是不同的商品，这就是区分商品的时间原则。比如，去年的大白菜与今年的大白菜是不同的商品，去年大白菜的生产风调雨顺，生产费用较少，而今年却遭受了自然灾害。又比如，昨天阴天下雨雨伞销售量较大，而今天晴空万里雨伞售不出，因而今天的雨伞不同于昨日的雨伞。而食品之类的商品，时间性就显得更加重要了。

区域原则

商品也要从区域特征上加以区分，商品的区域特征指的是商品所处的地理区域。区域特征不同的商品是不能直接交换的，因而要被视为不同的商品，而区域特征相同的商品可以直接进行交换。这就是区分商品的区域原则。

商品的直接交换，在交通往来不发达的地区之间是无法实现的，把商品从一个地区运往另一个地区，则需要付出一定的代价。所以，不同地区的商品应该区别对待。随着通讯与交通运输的迅速发展，商品的交换与流通渠道越来越畅通，地区差别对商品交换的阻碍也就越来越少，商品的区域特征越来越趋于一致。

随机原则

商品还要从随机特征上加以区分，不同随机事件发生情况下的商品，应该区别为不同的商品，这就是区分商品的随机原则。在我们现实生活中，人们的经济行为往往会被某些不确定或随机的因素所影响，比如说交通事故对运输的影响是随机的，自然灾害对农业生产的影响是随机的，而天气情况对雨伞销售的影响也是随机的。影响商品的随机因素，被我们称为商品的随机特征。

◎商品陈列

商品陈列是指把商品作为主体，借助一定的道具，运用一定的技巧和艺术方法，将商品按销售者的要求及经营思想，有规律地展示、摆设，以方便顾客购买，从而提高销售效率的重要的宣传手段。在销售产业中，商品陈列是广告的主要形式。

合理地陈列商品可以起到很多重要作用。可以展示商品、节约空间、美化购物环境、刺激销售、方便购买等。据统计，如果店面能够正确运用商品的配置和陈列技术，在原有基础上销售额就可以提高10％。

陈列类型

（1）水平陈列和纵向陈列。

水平陈列是把同类商品按水平方向陈列，顾客要想看清全部商品，就需要往返好几次。而纵向陈列是指同类商品从上到下地陈列在一组货架内，顾客一次性就能轻而易举地看清所有的商品。所以，应尽量采用纵向陈列。

（2）高档陈列和廉价陈列。

专柜需要呈现给顾客高档的感觉，可以用豪华的货架和灯光处理等方法制造高档的感觉。花车陈列属于廉价陈列，它可以给顾客一种全新的感觉，能够刺激消费者的购买欲望。

（3）样品陈列。

样品陈列指的是商场专柜中具有代表性的商品单独展示。例如服装，要用模特衣架以立体的方式，把新的款式向顾客展示出来。

（4）活动式陈列。

对于一些商品，可以采用活动式的陈列，例如服装，营业员可以选取其中一款，作为制服，生动形象地直接展示给顾客，这样营业员本身就可以给商品做着一种引人注目的最佳效果的展示，这也是一种销售的技巧。

陈列技巧

（1）为了吸引顾客，左右结合是商品摆放的一个技巧。

一般来讲，顾客进入商场之后，眼睛往往会不由自主地首先看向左侧，然后转向右侧。这是因为人们看东西是从左侧向右侧的，也就是印象性地看左边的东西，安定性地看右边的东西。人类工程学的这个特点，在国外已有许多商场注意到了。利用人类这个购物习惯，将引人注目的物品摆放在商场左侧，以此来吸引顾客的目光，迫使顾客停留，充分地发挥商场左侧方位的作用，把不利因素变为有利因素，促使商品销售成功。

（2）相对固定、定期变动，是商品摆放的另一个诀窍。

站在顾客的角度来看，他们大多喜欢商品的摆放相对固定。这样，当他们再次光顾商场时，可以减少寻找商品的时间，提高顾客的购物效率。商场不妨针对这个心理特点，将物品放在相对固定的地方，从而方便顾客选购。但若长此以往，就易于让顾客失去对其他物品的注意，而且会产生

一种陈旧呆板的感觉。因而在商品摆放了一段时间之后，可以适当调整货架上的货物，让顾客在重新寻找所需物品时，可以注意到其他的物品，同时也可以对商场的变化产生耳目一新的感觉。但如果这种变化过于频繁，会令顾客感到反感，认为商场混乱不堪，整日搬家，缺乏科学化的安排，从而产生烦躁不安的心理。因此，商品的固定与变动应该是相对的、适应的。一般应以一年变动一次为宜。

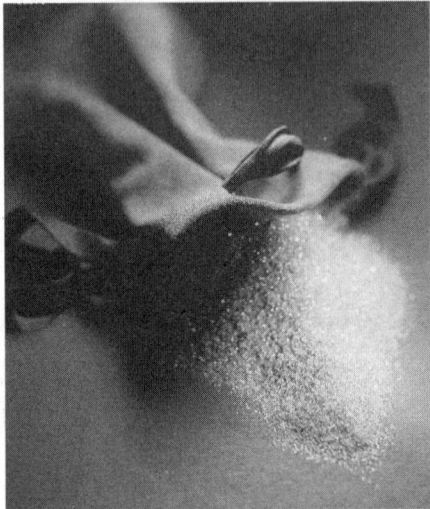

※ 金钱的艺术

对商场经营者来讲，将售货交款之间的距离拉开，也不失为一种商品摆放的艺术。

现在的许多商场柜台售货，采取的都是在收款台统一交款的方法。这不仅是便于财务管理的一个措施，同时也具有更重要的意义。人们进入商场之后购买的物品往往总是比原来预计要买的物品多，这正是由于商品的刻意摆放对顾客的心理造成了影响的缘故。商场可设计多种长长的购物通道，避免顾客从捷径通往收款处和出口。当顾客走走看看或在寻找收款处时，有可能会看到其他一些能够引起购买欲的物品，所以商场的各个收款台位置可有意识地设在离商品稍远的地方，促使顾客在交款的同时，再被其他的商品所吸引，产生购买欲。

▶ 知识窗

·商品和商品经济的含义·

商品的含义：商品是用于交换的劳动产品。

商品经济的含义：商品生产和商品交换的总和，构成商品经济。

| 拓展思考 |

1. 什么是商品的价值？

2. 商品价值量是由什么决定的？

中国货币的演变

第二章

ZHONGGUOHUOBIDEYANBIAN

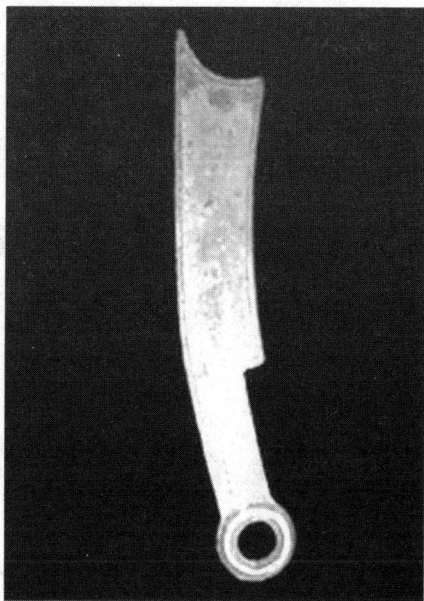

在中国商品经济的发展中，货币普遍使用在市场中，从一开始的铜铸币到后来的纸币，货币正在不断地演变，我国是一个历史悠久的国家，同样货币有着古老的历史。

货币的演变

Huo Bi De Yan Bian

一般情况下，货币是充当一般等价物的特殊商品。在春秋时期，黄金已作为货币而出现，越国的大夫范蠡的"十九年之中三致千金"，说明黄金作为衡量财富的尺度、作为一般等价物出现了。除此之外，春秋时期也出现了铜铸币。

春秋时期黄金与铜铸币虽已出现了，但是黄金和铜铸币并不普遍使用。李剑农先生统计了《左传》中记载："赏赐、馈赠、献纳、犒聘者二十九，或以器饰，或以车马牲畜，或以璧玉，或以帛锦，或以衣服，以生

※ 铜铸币

金者一，无以钱刀者"；"言掳掠盗窃夺者十四，或禾麦米粟，或木材，或璧玉，或实用之兵器，或马，或钟，夺币者一，不言为钱刀之币"。因此，对春秋货币的使用是不能期望太高的。

到了战国时期，商品经济迅速地发展，当时贵金属货币、实物货币和金属铸币并用。货币发展到战国时期，黄金成为各国的通用货币，铜铸币是各国民间通用货币。

中国古代货币体系是以铜币为基础的。早期的铜币是多种多样，有蚁鼻钱、布币、刀币等。秦始皇统一中国，曾经下令全国的铜币以秦国的铜钱为标准，统一了货币。浇注的铜币是使用砂模，铸造好的铜币带有毛边，铜铸币的中央留有方孔，方便了使用木棍串联起来打磨修锉。方孔的特殊形状被赋予愈多的象征性的神秘主义解释，有人推测说铜币的圆形代表"天"，中央的方孔代表"地"。在铜币上面通常有铸造时的皇帝年号。

在中国古代金币很罕见。春秋和战国时期，在南方长江流域的楚国曾经用金饼和金片充当该国的货币用于交易。在其他的地区和朝代里，黄金充当于装饰和保值的用途。除了铜币以外，大米、丝绸、棉布等生活物资也曾经作货币的计算单位（但它并不是实际的货币）这些是用来支付官僚和军队的薪饷。唐朝以后，白银货币是主要流通的货币。虽然国库和官方银库里的白银按照统一的成色与重量铸造成元宝方便了存放，但是流通的白银毕竟不是铸币，而是用零碎的块状流通，这些块状的流通在市场上使用时要经过计算成色、秤量重量这些繁琐的手续。但是大块的银锭需要用夹剪切割，那些细小零碎的小块银锭需要在银匠那里重新铸造更大的银锭。中国不使用白银铸币的原因有很多，其最主要的原因是，由于当时的政治具有不稳定性，而且当时的官方无法为发行的银币提供担保，当时的战乱频繁，民众为了储藏经常将白银窖藏起来，这些原因直接导致市场流通额不足以支持银本位货币系统。

当时的社会携带大量的铜币极其不便，在经济高度发达的北宋，为了解决携带不便的问题，发行了交子的纸币。交子也是世界上最早的纸币之一。但是与现代意义上的纸币相比，它更像一种汇票。后来的蒙古人建立的元朝并沿用了纸币。当时的朝代不顾实际的货币流通额和经济水平，发行了大量没有保证的纸币，纸币的大量发行造成了最早的通货膨胀。后来元朝被由汉族人建立的明朝取代。明朝的开国皇帝朱元璋是一位保守的农本主义者。朱元璋认为纸币是异族的东西，并下令加以摈弃。但是明朝也发行了自己的货币，明朝自己也发行了名为"大明宝钞"的纸币。但是这种纸币在民间很少使用。

明朝中后期，国外的白银开始大量流入中国，白银成为和铜钱一样普遍的货币。后来发展到清朝时期，白银已经成为清朝的主要货币单位。清朝末年，墨西哥的银元开始在中国大量流通。后来光绪皇帝在位时中国也开始铸造了自己的银币，当时的政府设立了户部银行，发行正规的纸币。发展到了1935年，中国政府实行法币制度，并且正式废除银本位。根据1936年《中美白银协定》，法币一元等于0.265美元。

▶ 知识链接

中国大陆把现行法定货币叫做人民币，人民币的发行是由中国人民银行发行的。人民币的单位是元，发行的辅币是角和分。一元等于十角，一角等于十分。元、角和分有纸币，元和五角及分也发行了铸币。元的票面有1、2、5、10元、20元、50元、100元，角的票面有1、2、5角，分的面额有1、2、5分。人民币元的缩写符号是RMB￥。

| 拓展思考 |

1. 铜铸币最早出现在哪个时期？
2. 明朝发行的纸币名字叫什么？

中国古代的货币

Zhong Guo Gu Dai De Huo Bi

中国货币不仅历史悠久而且种类繁多，形成了特别的货币文化。早期先秦时期的货币，各诸侯国用不同的货币制度。当时不同地区使用形制各异的刀币、布币、环钱。发展到秦朝时，秦统一中国后，中国主要以环钱为主要货币。后来到北宋，北宋发行了世界上最早的纸币——交子。发展到明代，白银成了最主要的流通货币。

中国出现最早的货币是海贝。海贝曾在史前的仰韶文化、龙山文化、大汶口文化遗址中，在夏代纪年范围内的二里头文化遗址和商周墓葬中，多次有发现，《盐铁论·错币》中并有"夏后以玄贝"的记载。海贝是产自南方暖海的远方外来交换品，它也是美丽珍贵的装饰品。海贝作为货币使用，可追溯到夏朝。在当时的商代和西周时已为流通中的主要货币。在商代晚期和西周，海贝还出现无文字的铜仿贝。海贝发展至东周发展成为有铭文的铜贝蚁

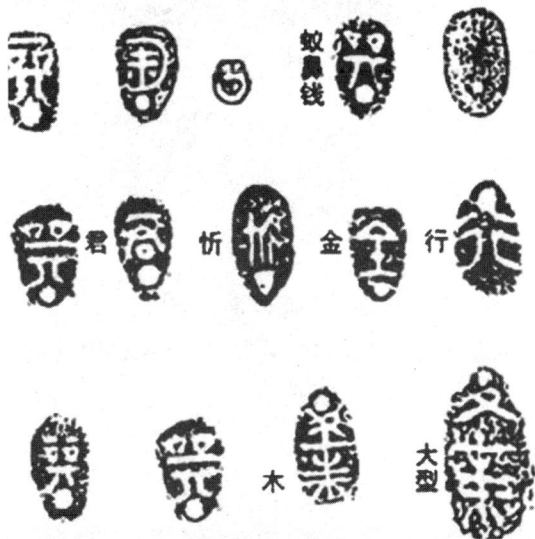

※ 海贝

鼻钱，形成正式金属铸币，金属铸币主要流通于南方楚国地区。

◎贝壳货币

除了海贝之外最早的货币是铜质的钱、镈、刀。钱和镈是农具，刀是多种用途的工具，刀在殷周或更早的遗址中都有出土。出土的时间大概在殷商晚期和西周时，但是这些铜工具在不同地区形成一般等价物。钱和镈成为春秋发展专门使用的货币，被后人称之为空首布；空首布虽然保存青铜铲的基本结构，和青铜铲一样有细长的銎，但已不适宜装木柄，所以不能作工具使用，于是成为具有典型意义的先秦铸币。战国进一步发展为略具铲形小铜片的布币，布币主要流通于北方周、晋、郑、卫地区。后来青铜刀至东周发展为刀币，刀币主要流通于齐国及燕、赵地区。

战国中后期

货币发展到战国中后期时一种更便于授受使用的圆形金属铸币圜钱，在周、魏、赵、秦、齐、燕等地出现，特别

※ 黄金铸币

是当时的秦国正式采用圜钱制度，秦国的采用为圜钱发展成全国统一的铸币形式准备了条件。

春秋战国时期

贵金属黄金也曾经作为货币流通。贵金属以镒（20 两）、斤（16 两）计。楚国盛产黄金还出现了铭文"郢爰"等字样的金版。金板是比较原始的，但是在中国金板是最早的黄金铸币。

◎秦汉的法定货币

公元前 221 年秦王朝建立，当时的秦王朝规定以黄金为上币，黄金成为主要在上层统治阶级范围内行使的货币，它的单位以镒计。秦朝又以原

秦国的铜铸币圆形方孔半两圜钱为下币，圆形方孔半两圜钱主要供民间日常交易使用。这样，秦朝颁布的法律实现了中国货币种类及其单位的首次统一。秦朝的半两钱的圆形方孔形式，与古人的天圆地方的宇宙观相符合，这种形式便于在经济生活中授受使用，所以这一铸币形式沿用到清末。

◎汉承秦制——黄金为一等币

汉朝的货币单位以"斤"计。规定是以铜钱为二等币，汉朝初期曾允许私自铸造钱币。汉武帝于公元前118～前113年间废止以前的各种货币，并且将铸币权收归中央，集中统一铸造五铢钱。制造的五铢钱轻重适中，五铢钱是历史上成功的一种铸币，其流通一直延续到隋末，时间长达700余年。

◎魏晋南北朝"谷帛为市"

魏晋南北朝的"谷帛为市"，谷和帛是民生必需品，谷和帛作为历代皆是一种较重要的价值尺度与支付手段，它具有不同程度的货币性能作用。每当时局动乱，币值波动剧烈时，谷和帛便成为人们最乐意接受的支付手段。发展到魏晋南北朝时期，当时的国家长期处于分裂状态，币制杂乱，社会动荡不安，钱币行制缺乏统一标准。曹魏两国境内多以谷帛为货币，后来发展到北齐布帛成为普遍的支付手段，当时的南梁大部分地区用谷帛交易。

货币流通的这一消极遗产一直影响到隋唐时期，后来形成了钱帛兼行制度，钱帛兼行制度用于日常小额支付。在唐代，绢布是法定货币，包括罗、锦、绫等各种丝织品和火麻布、纻、赀等，但主要使用的货币还是绢和缣。由于绢、布易损坏，流通中常割截，市场经常存在着被铜币排斥的现象，直到宋朝才退出流通。

◎唐代的开元通宝

唐王朝出现了长期稳定与统一的局面，为当时的唐朝重新统一货币创造了好的条件。唐武德四年铸造了开元通宝钱，开元通宝钱是中国古代货币史上又一划时代意义的铜铸币制度。在当时具有特殊的意义。铜钱以"宝"为名，这说明中国金属铸币制度脱离了以重量"半两"、"五铢"为名的量名钱体系，量名钱体系发展为更高一级的铸币形式。实行宝文币制，废除了铢两制。开元通宝钱的流通，对中国衡法有着重大影响。规定了原来重量计数均以 24 铢为一两，唐朝时期自重二铢四絫的开元通宝钱广泛流通以后，十进位的一两十钱制便逐渐形成，十进位的一两十钱制计算更加方便。唐朝创立的宝钱制度，这之间历经宋、元、明、清四代，为时 1000 多年。发展

※ 开元通宝

到宋代以后，各朝皇帝每更改一次年号，铸造了一种标明年号的新宝钱，故又名年号钱。

◎宋代的铜、铁钱和纸币的产生

宋代始终没有建立起统一的铜铸币制度，一直承袭五代十国时期某些地区使用的铜、铁钱并存的流通制度。铁钱比铜钱形大，质量比铜钱重，但是单位价值更低，当时宋朝最大的铁钱流通区是富庶的四川。当时的宋朝由于缺乏适宜的支付手段，所以在 10 世纪末产生了世界最早的纸币——交子。从此之后，南宋、金、元、明个个朝代都继续发行不同名称的纸币。发展到元朝时期，纸币才成为全国通行的惟一合法货币。

◎明清的银钱并用

你知道银最早作为货币是中国哪个朝代吗？银作为货币最早见于河南扶沟县古城西门出土的一批春秋时的银质空首布，但是发现的事例相对较少。一直到唐末五代，白银有将进入流通的趋势，后来发展到宋、金、元民间

※ 银子

渐为广泛使用。白银到明朝中叶间发展成为普遍通用的正式货币。

唐宋朝代以后商品货币经济进一步发展，但是当时的朝代皆过度发行纸币，这导致通货膨胀，造成需要贵金属要作为货币的客观条件。发展到明朝初期，一些地方就发生不论货物贵贱一律以金银论价的情形。嘉靖以后，白银成为主要的货币。当时的银以两为单位。银钱比价各朝屡有规定，如规定白银一两可以折合洪武钱 1000 文、兑换成前代钱 3000 文、折合成嘉靖钱 700 文等，但在流通中变化很大。发展到清代币制大体上仍是银、钱并行，清朝时期规定白银一两合铜钱 1000 文，但是并没有完全遵循，实际上经常变化。白银贵金属从宋、元以来，经常铸成 50 两重的银锭，直至发展成后来俗称元宝。直到 20 世纪初，宝银仍有流通，但是已逐渐为银元所代替。

◎ 商代钱币

在中国的商代，以贝壳作为货币已经开始使用了，随着商品经济的发展，天然的贝壳作为货币渐渐供不应求，需求量逐渐加大，于是出现了人工贝币，如骨贝币、石贝币、蚌贝币等。

◎ 先秦钱币

到了春秋战国时期，贝币已经完全退出了历史舞台，货币由于各地区因社会条件和文化差异而形成了。主要有黄河流域的布币、楚国地区的蚁鼻钱、齐燕地区的刀币和三晋两周地区的环钱。

◎ 秦汉钱币

秦朝消灭六国后，秦朝废除各国的布币、刀币等旧币，并颁布法律将方孔半两钱作为法定货币，此法定货币的制定将中国古货币的形态从此固定下来，并一直沿用到清末。

汉承秦制，汉朝允许民间可以自己铸造钱币。发展到西汉的铜钱仍然是用其重量来命名的，但重量与名称渐渐地不符了。到元狩四年（公元前 119 年）

※ 秦半两铜钱

开始，汉武帝下令在上林三官铸造五铢钱，将铸币权收归中央，统一了货币。西汉的铜钱主要有三铢、五铢、半两三种。

西汉末年，王莽摄政和新朝统治时期，托古改制，在王莽摄政和新朝统治时期这十余年间就进行了四次大的币制改革，王莽时期的钱名目等级繁杂，当时实行的币制改革以失败告终。但当时钱币的工艺水平达到了空前的高度，铸造的"金错刀"，因其造型别致，工艺精巧，自古为收藏者所喜爱。东汉所铸的钱，都是五铢钱。在唐代，绢布是法定货币，包括锦、绫、罗、纱。三国魏晋南北朝时期的社会动乱，金属货币的流通范围减小，且形制多样，币值不一，出现了重物轻币的现象。

三国时期，曹魏两国实行的实物货币政策，魏明帝时期恢复铸行五铢钱，五铢钱形制与东汉时期五铢相似。到了蜀汉和东吴时期多实行大钱。三国时期的蜀币主要有直百、直百五铢等。吴币主要有大泉五百、大泉当千、大泉二千等。

西晋成立后，货币制度主要是沿用汉魏旧钱，兼用谷帛等实物；在东晋成立之初则沿用吴国旧钱，后来又出现了五铢小钱，据传说是沈充所铸，所以又称"沈郎五铢"。

十六国期间的成汉李寿铸行了中国最早的年号钱"汉兴"钱。当时的南北朝时期的社会十分动荡，私铸现象严重，币值混乱。北朝从北魏开始，钱文钱币逐渐摆脱以往钱制的局限，逐步向年号钱制过渡。

◎隋唐五代十国钱币

隋朝的建立，让中国混乱的货币趋向于统一，隋文帝开皇三年铸行了一种合乎标准的五铢钱，并禁止旧钱的流通。对货币的流通起了很大的作用。

开元通宝唐武德四年铸行的年号钱——开元通宝，出现的是宝文币制（主要是通宝、元宝和重宝）。开元通宝不再以重量而是以纪年作为名称。开元通宝是唐朝300年间的主要铸币，另外还铸有乾元重宝、建中通宝、大历元宝、乾封重宝、咸通玄宝及史思明所铸顺天元宝、得壹元宝等。

当时的五代十国政治分裂割据，改朝换代像走马灯一样，五代十国以铸钱来增强自身实力，其本身是达到削弱他国力量的目的，所以钱币的种类很多，但质量都不高。

◎宋辽金西夏钱币

中国宋代的铸币业比较发达，从数量和质量上都超过了前代，铸币业是继王莽钱之后的又一个高峰。铜币是宋朝的主要货币，南宋以铁钱为主。北宋以后的年号钱才真正开始盛行，几乎每改年号就铸新钱，钱文有多种书体，钱文书法也达到巅峰，以宋徽宗瘦金体"大观通宝"最为著名。白银的流通有很重要的地位。在北宋年间出现了世界上最早的纸币——交子，其后陆续出现有别的纸币：会子和关子，会子和关子所占的地位越来越重要。此外，对子钱、记炉钱、记监钱、记年钱亦应运而生。宋徽宗赵佶瘦金体御书钱堪称一绝。

辽国是由契丹族建立的国家，前期适用中原货币，后期自己铸币，以汉文作为钱文，所铸的钱币多为不精。

西夏曾铸行过两种文字货币一种是汉文钱，形制大小与宋钱相似；一种是西夏文，称为"屋驮钱"，西夏的钱币铸制精整，文字秀丽。

金国由女真族所建，金国曾统治过中国北方广大地区，均是以汉文为主的货币，纸币材质范围很广。金国的钱币受南宋的影响较大。

◎我国历史上各时期的货币

汉代的货币

汉代时期以黄金为上币，铜钱为下币，仍是法定货币单位，单位由镒改斤，1 斤＝10000 钱。

汉武帝时期模仿麒麟马蹄，有麟趾金和马蹄金。西汉时期主要用于赏赐和馈赠；王莽时期将黄金收归国有；东汉以后黄金减少，赏赐用丝绸、布帛、铜钱。

三国两晋的货币

魏：曾以谷帛相交易，也曾恢复五铢钱的流通；

蜀：直百钱；

吴：大泉五百、大泉当千。

两晋：未铸新钱，西晋主要沿用汉魏之五铢及各种古钱，东晋元帝渡江后主要沿用孙吴地区流通的旧钱。

十六国：河西凉州刺史张轨恢复五铢钱，汉兴钱为我国最早的年号钱。

南北朝时期的货币

刘宋：四铢钱；南齐、萧梁：第一次大量铸铁钱，曾铸铜钱、五铢钱、短百；陈：大贷六珠；北魏：太和五铢、永安五铢；东魏：沿永安五铢；北齐：常平五铢；北周：布泉、五行大布，永通万国；南北朝之末：冀州之北民间以绢布交易，五岭以南则以盐米布交易。

隋朝的货币

隋文帝铸统一的标准五铢钱成为境内流通中统一的货币。

唐法定货币流通制度时钱帛兼行

武德四年废五铢钱铸开元通宝钱，开元通宝钱是以重量作为钱币的名称。

五代的货币

五代十国总体比较混乱，周世宗铸周元天宝为铸钱最多的一次。白银开始进入流通（铜钱减少，绢帛较小的可行性，白银逐渐进入流通），但在唐代主要作为器饰或财富收藏贿赂、谢礼、军费供应、地方进献，五代十国之后公私蓄积白银的风气逐渐形成。江西道、岭南道产银最多。

两宋时期的货币

宋代的年号钱：在通宝钱规定之外，年号钱加上皇帝的年号。北宋初发行的货币为宋元通宝与开元通宝无差别，之后还有淳化通宝、太平通宝。历代皇帝每次改元都会重铸新的年号钱，文字都是通宝、重宝、元宝等。但是字体有所变化，隶、篆、草、真、行都有。北宋铜钱区：开封府、江南、京东西、河北、淮南、两浙、福建、广东西等地。北宋铁钱区：四川。北宋铁钱并用区：陕西、河东。南宋铜钱区：东南。南宋铁钱区：两淮、京西、湖北。南宋铁钱并用区：荆门等地。交子：完全客兑现的信用凭证、货币，只能在四川使用。钱引：不用作货币，只用来兑换，可以在四川之外使用。南宋会子的发行：最初在东南地区民间发行，后来政府设立会子库，完全仿照川引的方法发行会引。地方性货币：银会子、川引、淮交、湖会。

元代的货币

统钞时期：奠定元纸币制度的基础，元朝不铸铜钱。中统元宝交钞以丝为本钱以贯、文为单位。至元钞时期：元朝最重要的货币是与中统钞并行流通。至正钞时期：元代在制度上严禁白银流通，但在民间已有不少使用，纸币与白银相联系。

明清时期的货币

大明宝钞：明代官方发行的纸币。洪武八年（1375）始造。以绵纸制，厚如钱，色青黑。其制方向33厘米，宽27厘米，发钞没有准备金，允许人民持金银换大明宝钞，支付有限制，旧钞可换新钞；1481年纸币崩溃，1581年白银成为通用货币。

近代的货币

铜铸币从制钱到铜元，银币从银两到银元。流入中国最早的外国银元是西班牙银元；光绪十三年，张之洞奏请在广东设局铸造银元，光绪十六年正式批准开铸。

▶知识窗

·元明清钱币·

在元代，纸币已成为主要流通货币，铜钱已不占主要地位，与此同时白银的流通量占有很大的比例。元朝统治者信奉佛教，因此铸行一些小型的供养钱、庙宇钱供寺观供佛之用。

明代大力推行纸币——钞，明初只用钞不用钱，后来改为钱钞兼用，但明代只发行了一种纸币——大明宝钞。白银在明代成为了法定的流通货币，大额交易多用银，小额交易用钞或钱。明代共有十个皇帝铸过年号钱，因避讳皇帝朱元璋之"元"字，明代所有钱币统称"通宝"，忌用"元宝"。

清朝主要以白银为主，小额交易往往用钱。清初铸钱沿袭两千多年前的传统，采用模具制钱，后期则仿效国外，用机器制钱。清末，太平天国攻进南京后，亦铸铜钱，其钱币受宗教影响较大，称为"圣宝"。

|拓展思考|

1. 唐朝发行的货币是什么？

2. 纸钞是哪个朝代大力推行的？

国民党政府的法币改革

Guo Min Dang Zheng Fu De Fa Bi Gai Ge

从1928年到1949年的国民党政府统治时期，中国的银行业走向集中化，出现了地区性的银行集团。通过政治与金融的交融斗争，政治与金融的交融斗争是为了实现国民党政府的政治目的为前提，后来逐步形成了以四行两局（中央银行、中国银行、中国农民银行、交通银行、中央信托局、邮政储金汇业局）通过废法币政策、两政元和抗日战争时期的战时财政金融统制，完成了官僚金融资本的垄断。国民党政府政治统治的衰落，滥发纸币造成的恶性通货膨胀，货币的膨胀致使国民党政府的货币走

※ 国民政府发行的货币

向崩溃，从而彻底瓦解了半殖民地半封建的货币制度。

◎货币发行权的垄断

1928 年中央银行改制后，中央银行就利用它所享有的四项特权：发行货币、铸造硬币、经理国库、办理公债而迅速发挥它的金融中心的作用。中央银行在国民党政治权力的支持下，金融垄断地位不断提高，致使它的财富积累成倍增长。如 1936 年与 1928 年比较，资产增长 23.18 倍，从 1541 万元增加到 6.4 亿元。存款猛增 41.48 倍，发行纸币增长 25.64 倍；纯益增长 21.76 倍。而且当时的中央银行利用政府颁布的种种金融法规，逐步限制和收缩其他银行业、银钱业纸币的发行，到 1936 年，中央银行、中国银行、交发行的纸币占全国发行量的 75.98%，其他发行仅占 24.02%。

另外，许多无发行权的银行，在这时期可以同有发行权的银行订约，付给发行行 60% 的现金准备和 40% 的证券准备，并且可以领券代发。这种领券代发制度的实施，实际上是增强中央银行的实力，促使政府多发钞票，增加资金来源，为政府充实资金力量。从而加强中央银行对领券行的控制。

1935 年，成立了中国"农民银行，中央银行、中国银行、交通银行，三行并列四行"。中央银行、中国银行、交通银行都享有中央银行的特权，共同构成官僚资本的金融支柱垄断货币发行权，这些银行通过"四联总处"的权力转移作用，逐步增强中央银行的金融垄断地位，把纸币发行权统归中央银行这一政策，进一步加深了官僚资产的集中和垄断。

◎废两改元和法币政策

自国民政府推行银两和银元并行本位以来，中国货币市场遭到外国银行控制和钱庄的操纵与盘剥。美国的白银政策，促使中国白银大量外流，白银大量外流导致货币流通的严重混乱。国民党政府的银行公会在江浙财阀的支持下，国民党政府实施币制改革以垄断货币金融市场。1928 年 6 月决定废两改元，并设中央造币厂铸造新银元。1932 年，洋厘行市大跌，银元多被熔毁，7 月成立废两改元委员会，打算在三个月内实施。便遭到外国银行和银钱业的激烈反对。1933 年 3 月 3 日，中央颁布《银本位铸

造条例》，取消洋厘行市，按715周定比例两、元并用，而以元为记账单位；4月5日宣布，以4月6日起全国实行废两改元，以后的银两交易无法律效力。

※ 民国时期的纸币

为什么要实行法币政策，主要原因有：

（1）白银问题更加严重。1934年美国实行白银国有，提高银价，向国外抢购白银，使世界银价暴涨，其目的是想控制中国货币，垄断对华贸易。1935年中国白银外流3.37亿元，爆发了严重的经济危机和金融危机，农村破产，工商凋敝。为了阻止银元外流，政府采取许多措施，如征收10%白银出口税，限制运银到关外，各省禁止银出口，限制纸币兑现等。到此，银元本位已名存实亡。这次金融危机，是国民党法币改革的直接原因。

（2）废两改元后，货币混乱的问题没有解决。废两改元，确立银元本位，银币定为元，重266971克，成色88%；含银23.493448克，公差不超过3%。又铸每条1000元的长条。旧币、外币继续流通，各省滥发省券，货币严重贬值，私铸大发，铜元、制钱继续流通，货币市场混乱，兑换价格不一，多元化的货币流通混乱状况并未解决。

（3）国民党的财政赤字，想靠发钞来弥补。完成银行集中，实现金融垄断，就必须垄断发钞来代替银本位。日本蚕食中国武装走私白银，使财政收入锐减，银本位基础动摇。国民党政府为了它本身的安危及其后台老板英美垄断资本集团的利益，也不得不改弦易辙，实行纸币本位，导制法币改革。

◎法币政策的主要内容

1934年国民党政府成立币制研究委员会，准备币制改革。1935年11月3日颁布"施行法币布告"六条，其主要内容有三项：

（1）白银国有。官僚资本的金融垄断组织把全国的白银、银元及各种银类都收集到手中，运往国外市场获取厚利。第一年就搜刮三亿元以上的

白银。禁止银元流通，凡是银元及各种银类都要兑换法币。

（2）垄断发行法币。从1935年11月4日起，以中、中、交三行发行钞票为"法币"，两个月后加上中国农民银行。一切公私收付概用法币。其他银行在此目前发行的纸币，以11月3日流通额为限，暂准流通，不再增发，并限期用中央银行钞票兑回。成立发行准备保管委员会和地方分会，负责保管发行准备和办理法币的发行收兑等项。

（3）法币联系着英镑美元，成为英美共管的货币。法币有对英国、美国、日本三国货币的汇率，法币是以英汇为决定其他两国汇率的基础。刚开始，法币投入英镑集团。国民党政府将白银运到伦敦出售，将出售的白银换成英镑，将英镑存在伦敦作为维护法币汇价的准备金。按照当时的汇率法币一元兑英镑的法定汇率为145便士。按照当时银价折算，应为225便士，按照这样的换算，法币一开始就贬值，这样法币的汇价一开始就依附于英镑，这种兑换显然对英有利。然而，当时关内的日本银行拒不交出白银，上海的日本银行和商店公然另组银团发行日本纸币十万元，上海的日本银行并在华北扩大武装私运白银出口。美国则减少购银，迫使当时的银价暴跌。1936年，国民党政府同美国签订"中美白银协定"，条约规定，中国出售白银所得外汇必须存在纽约，作为维持法币的准备金。从此，法币成为英镑和美元的附属品。抗日战争开始后，法币被美元所独占。

法币政策实行后，外商银行和商业银行已发行的钞票陆续收回。但是唯独广东、广西及山西三省地方继续发行省钞作为各省的法币。当时的河北省则成立"铜元发行准备库"，发行铜元票。这些省的白银均集中本省的发行和使用。1942年，中国政府实行四行专业化。5月颁布"统一发行办法"。自1942年7月1日起，所有法币发行权统由中央银行集中办理，所有银行钱庄全都听从中央银行。自此实现官僚资本的金融垄断并独占货币发行权。

◎中央银行关金券的发行

关金券实际上是"海关金单位兑换券"的简称，是一种缴纳关税专用的纸币。

1929年，由于世界金价飞涨，导致中国的银价暴跌。当时的国民党政府为了维持关税收入，于1930年1月15日决定在海关征收关税时将该

券收为征收金币，征收金币并以值 0.601866 克纯金量为单位标准计算。1931 年 2 月 1 日，海关开始征收关金，1931 年 5 月 1 日，为方便市场之间的交易使用，中央银行开始发行一组由美国钞票公司印制的直型关金券，面额有 10 分、20 分、1 元、5 元、10 元五种。刚开始发行时，发行面极小，关金券只能作为交纳关税使用，不能作为货币市场的流通货币。

1942 年 2 月 1 日，国民党政府提高海关金单位，即每单位含纯金 0.601866 克提高到每单位含纯金 0.88861 克，这提高的单位将和美金等值，同时可按 1：20 兑换法币，并且增加了 20 元、50 元、100 元、500 元面额券流通市面，这些面额券致使关金券失去原来发行的意义而变为大面额流通纸币。后来随着经济的发展法币急速地贬值，中央银行又多次发行大面额关金券以代替法币流通。1948 年 8 月 19 日，国民党政府颁布《财政经济紧急处分令》，实行"币制改革"，宣布废除法币和关金券，代之发行金元券，并以 1 金元券兑 15 万关金券的比率收兑关金券。同年 11 月 21 日停止收兑，关金券正式作废。

关金券自 1931 年 5 月 1 日发行起到 1948 年 11 月 20 日停止收兑，历时 17 年半。其间，正式发行的关金券有 47 种，未发行的有 4 种。

关金券形制比较统一，正面上部均印孙中山头像，下部印关金面额，背面用上海海关大楼作券背图案。票券采用直型，只有英国华德路公司印制过两种横版票，其中 100 元券未发行，传世极少。关金券的发行是由四大行发行与流通。

◎中央银行法币

1935 年 11 月 3 日，国民党政府财政部公布《施行法币布告》，《施行法币布告》规定，自 11 月 4 日起，将中央、中国交通三银行的发行的钞票定为法币，所有完粮、纳税及一切公开款项之收付，概以法币为限……；1935 年 12 月，又定中国农民银行钞票为法币。原由财政部批准发行的钞票的其他银行所发钞票不得再增加发行，发行的钞票必须限期收回，各行业务分别由四行接收。

从 1935 年 11 月 4 日至 1937 年 6 月底止，四行共计发行法币总额为 145 亿元。四行共计发行法币的发行量与货币需求量基本相适应。

1937 年 7 月 7 日，抗日战争全面爆发，由于战争费用日渐增大，政

府只能用增加货币量来弥补财政赤字，增加货币发行量致使法币发行量年年增加。到 1942 年 6 月底，发行货币增加到 249 亿元；货币发行到 1945 年 8 月抗战胜利，法币发行额已达 5569 亿元，货币发行量比战前增加 395 倍。

抗战胜利后，国民党又发动全面内战，由于全面的内战军费支出倍增，巨额财政赤字的解决，除了加重税收外，国民党政府唯有滥发纸币这一出路，于是通货迅速地膨胀起来。1945 年 8 月起到 1948 年 8 月止，三年内货币发行额达 664 万亿元的天文数字。与此同时，物价上涨了 490 多倍，物价的上涨大大超过了货币发行增加的速度。严重的金融危机加速了经济的彻底崩溃，法币已经完全丧失了货币的职能，后来法币已贬值到了不及它印刷费用的价值和本身纸张。在国民党统治区，许多商店拒用外币、金、银、法币取代法币地位成为现实通货。就连当时的美联社也承认"中国法币现在是世界上最不值钱的纸币"。在这种情况下，国民党政府曾宣布实行经济紧急措施取缔黄金投机，外币流通，禁止黄金甚至使用武力推行法币，但是结果都是事与愿违。

1948 年 8 月 9 日，国民党政府公布《财政经济紧急处分令》，规定改法币为金元券，并且规定了 300 万法币兑换 1 金元券，法币于 1948 年 11 月 20 日正式作废。

中央银行发行的法币在全国流通了 13 年。法币刚发行时，是使用中国农工银行券和四明银行券改作中央银行法币券发行，发行的辅券则是利用原中央银行早期铜元票和银元辅币券改作法币辅币券发行。发行的辅券改作法币，加上以后正式发行的是由 16 家印刷厂承印的各种面额的法币，中央银行的法币钞券种类共计 121 种。如果将不同签字、不同加盖印章、不同号码型体计算在内，这些钞券品种可达 180 余。

◎中国银行法币

中国银行前身是清朝户部银行改制。1912 年 3 月 5 日，开始发行货币，经营国债。1927 年南京国民政府成立后，中国银行被改组为政府特许的国际汇兑银行。

1937 年 11 月 4 日，当时的国民党政府实施法币政策，中国银行取得货币发行权。实施法币政策到 1942 年 7 月 1 日，国民党政府宣布全国纸

币发行权统归中央银行一家后，中国银行随即停止发行纸币。

中国银行发行法币券种不多，中国银行正式发行的有 24 种法币券种，另发行的法币券种有 8 种。

◎交通银行法币

交通银行创始于前清 1907 年 3 月。在民国建立后，交通银行被国民政府指定为国家行局之一，国民政府并特许发行货币。实施法币政策后均有发行货币权力。直到 1942 年 7 月 1 日停止发行货币。

交通银行所发券种 17 种。券别有 1 元、5 元、10 元、50 元、100 元、500 元。

◎中国农民银行法币

中国农民银行前身为豫鄂皖赣四省农民银行，1933 年 4 月 1 日在汉口正式开业，蒋介石自任理事长。中国农民银行享有使用军事护照和军用交通等特权，国民政府获准发行纸币。实施法币政策后，正式成为国家银行并特许发行法币。到 1942 年 7 月 1 日停止发行。面额有 1 角、2 角、5 角、1 元、5 元、10 元、20 元、50 元、100 元、500 元等，共计有 28 种。

◎中央银行流通券的发行与流通

抗日战争胜利后，国民党政府对于经济环境特殊地区的货币流通，采取了分区发行的办法，即发行区域性流通券，限在当地流通。

1945 年 12 月 12 日，中央银行首先在东北发行"东北九省流通券"（即嫩江、兴安省、黑龙江和辽宁、安东、辽北、吉林、松江、合江），并核定该流通券与法币的兑换比率为 1：10，即 1 元流通券可以兑换 10 元法币；国民政府在 1948 年 8 月 19 日与法币一起废除改用金元券。

中央银行于 1946 年 1 月 4 日在新疆地区发行"新疆省流通券"。1946 年 4 月，当时的国民政府因发现钞券背面的维文"新疆省"被篡改为"中国土耳其斯坦"，中央银行立即下令停止发行并收回已发行的流通券。因此，该券存世极少，颇为珍罕。

◎中央银行金元券的发行

1948 年 8 月 9 日，为了扭转国民经济的崩溃之势，遏制法币的恶性膨胀，国民党政府颁布《财政经济紧急处分令》，宣布再次币制改革，废除关金券和流通券、法币，以金元为本位制，发行金元券。条律规定金元券每元法定含纯金 0.22217 克，金元券改由中央银行发行，发行总额以 20 亿元为限。1948 年 8 月 23 日，国民党政府开始发行金元券。以前发行的法币、关金券、流通券一律收兑，收兑截止时间为 1948 年 11 月 20 日。当时的国民党还要求百姓手中持有的黄金、白银、银元、外币也必须在 9 月 30 日前兑换成金元券。

国民党政府发行金元券的目的就是为了变换手法进一步加强对人民大众的掠夺。据中央银行统计，到 1948 年底，全国共收回银 2300 万元，黄金 164 万两，白银 900 余万两，美钞、港币各约数 4 万元，合计总值 2 亿元。

1948 年 11 月 11 日，国民党政府行政院通过《修正金元券发行办法》，宣布准许百姓持有黄金、白银、外币，并宣布每元券的含金量由 0.22217 克降到 0.044434 克；即由原黄金每两 200 元金元券提高到每两 1000 元；修正办法还规定撤销金元券的发行限额，物价由限价改为议价。此后，金元券的发行量如决堤的洪水一般无法控制。到 1949 年 1 月底，金元券的发行总额达 200 多亿元，超过法定限额的 10 倍；到 6 月底，金元券废止前夕，发行量超过 1303046 亿元，比原定发行额 20 亿元增加 365000 多倍。金元券流通只有一年零七天，其间正式发行的券种有 50 种，另有未发行券种 12 种。

由于金元券发行量巨大，造成了其本身的价值的急剧贬值，民间纷纷拒用金元券而自动流通银元。在此形势下，已逃往广州的国民党政府故伎重演，国民政府行政院于 1949 年 7 月 3 日公布《银元及银元兑换券发行办法》，宣布从 7 月 4 日起恢复银本位制，国币以银元为本位，金元券 5 亿元兑换银元券 1 元，从此，金元券废止。

◎中央银行银元券的发行及总崩溃

1949 年 4 月，中国人民解放军横渡长江，一举解放南京，国民党政府逃到广州。在国民党已经毫无保障的情况下，国民党政府仍滥发金元券，国民党统治区各地纷纷拒用金元券，而以银元、铜元作货币流通。

1949年7月2日，国民党政府行政院公布《银元及银元兑换券发行办法》，规定"国币以银元为单位，自即日起恢复银本位制，银元一元含纯银23.493448克，所发银元券可十足兑现银元，在银元未铸造充分时，银元券得以用黄金兑现，各种银元券一律等价流通。"并规定，金元券5亿元可兑换银元券1元。当时国民党统治区进一步缩小到华南、西南几个省，所发银元券又是指定少数几个点兑换，并限量兑现，实质上银元券是不兑现纸币，不能取信于民。再加上共产党领导的人民政权在银元券一出笼即宣布"不收兑华南、西南伪币"的声明，更使银元券遭到致命的打击。国民党统治区常发生人民纷纷拒用银元券的风潮。广州解放后，不仅西南百姓拒用，甚至国党军队也拒用银元券。

▶ 知识链接

大陆完全解放后，银元券随即废除。该券在广州、重庆等地使用过，时间短、品种不多，钞券多加印地名，其中正式发行的有17种，未发行的5种。面额有1角、2角、5角、1元、5元、10元以及1分、5分等，一般市价8~15元；1949年中央印制厂重庆分厂1角版价50元，2角券150元5角券价80元、青岛分行5分、1角券价100元，未发行的无定价。

| 拓展思考 |

1. 关金券是什么时候发行的？

2. 金元券什么时候被废止的？

你

第三章

了解人民币

NILIAOJIERENMINB

中华人民共和国大陆地区的法定货币符号是人民币，人民币的诞生为新中国开辟了新的篇章，结束了国民党统治下几十年的币制混乱历史。

人民币是怎么来的

Ren Min Bi Shi Zen Me Lai De

人民币指的是中国人民银行成立后于首次发行的货币，中国人民银行是国家管理人民币的主管机关，负责人民币的设计、印制和发行，中华人民共和国建国后作为法定的货币，中国人民银行自成立以来，至今已经发行了五套人民币，形成了包括纸币与金属币、普通纪念币与贵金属纪念币等多品种、多系列的货币体系。人民币符号为"￥"，人民币缩写是 RMB。

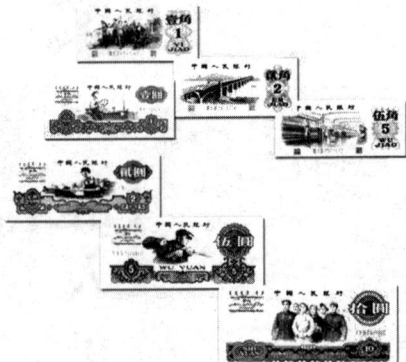

※ 人民币

人民币按照材料的自然属性划分，可以分为金属币（亦称硬币）、纸币（亦称钞票）。无论纸币、硬币均等价流通。人民币是中华人民共和国大陆地区的法定货币符号。

根据《中华人民共和国中国人民银行法》第三章第十六条及第十七条规定："中华人民共和国的法定货币是人民币。""人民币的单位为元，人民币辅币单位为角、分"。主辅币换算关系是 1 元等于 10 角。人民币并没有规定法定含金量，它执行着流通手段、支付手段、价值尺度等职能。

◎发行原则

人民币发行的三大原则：计划发行原则、经济发行原则、集中统一发行原则。

集中指的是人民币的发行权集中于国务院；统一指的是国家授权中国人民银行垄断货币发行，除中国人民银行外，任何地区、任何单位和个人都没有权利发行货币或者发行变相货币。

◎发行程序

中国人民银行设有人民币发行库，人民币发行库在其分支机构设立分支库，用来负责保管人民币发行基金。人民币发行基金指的是由制钞厂解缴、中国人民银行保管的未进入流通领域的人民币。发行基金的调拨要按照中国人民银行的规定办理。

人民银行货币的发行主要通过普通银行的现金收付业务活动实现。商业银行存取款必须在人民银行开立存款户。当商业银行基层行处的现金超过其业务库存限额时，商业银行应将超过的部分填制现金交款单，送交人民银行。该部分人民币进入发行库，意味着退出流通领域。

人民银行在营业时间内，对商业银行办理现金存取业务。商业银行向人民银行存取现金，以开户商业银行为单位办理；开户商业银行下属基层处的现金，由开户商业银行调剂后统一向人民银行存取。当商业银行基层行处现金不足的时候，商业银行要填写现金支票，之后到当地人民银行在其存款账户余额内提取现金，于是人民币从发行库转移到商业银行基层行处的业务库，就意味着这部分人民币进入了流通领域。

◎流通领域

台湾

新台币是台湾的法定货币，所有的买卖交易都要以新台币进行。因此，在台湾境内商家一般不接受使用人民币。台湾法律也仅把人民币认为是"有价证券"，不具有通货身份。台湾的银行一般均不接收人民币的兑换，但马祖和金门的金融机构、码头及航站分别在 2005 年 10 月 3 日和 10 月 4 日开办兑换人民币，每次上限为人民币两万元。自 2008 年 7 月 4 日起，随着中国大陆和台湾的"周末包机"等"三通"的实现，在台湾本岛可以在金融机构、码头及航站自由兑换，但有一定的限度。

港澳

在中国香港和澳门，人民币不是法定货币。他们按基本法自行决定发行港币和澳门币。不过现在港澳地区有些商店接受使用人民币交易，而且一些香港的银行也开设了人民币窗口，允许市民存入、提取或转账人民币现钞。2003 年 12 月 24 日，中国人民银行将中国银行（香港）有限公司委任为香港人民币业务的清算行。

其他地区

人民币在新加坡部分商店可以使用。

人民币在越南少数地区主要是北部边境可以使用。

人民币在朝鲜的外汇商店可以自由使用。

◎头像由来

作为中国摄影家学会高级工程师，陈石林曾经担任过全国领袖照片工作组长，新华社摄影部技术组组长、翻修组组长。陈石林十几岁时，被父亲送到南京照相馆学艺，之后又曾到香港和台湾谋生，学习照片的加工。1950 年 7 月，陈石林回到了大陆，当时并没有多少人会加工照片，而且能够修出光线的层次、密度和立体感，陈石林就被作为人才留下了，进了中央新闻摄影局，之后又进了新华社摄影部，并享受着可以吃小灶，睡沙发床等和延安来的老革命一样的高级待遇。而且正好赶上要为毛泽东制作标准照，陈石林的技术也就派上了用场。毛主席在 1965 年重上井冈山时，拍摄了一张情绪很好、面带笑容的画面。但是画面左右两侧都有人在东张西望，显得非常不协调，但若把两边剪裁掉就会失去现场的气氛。因此陈石林担负了修整照片的重任，他用 3 张底片合成放大，去掉了画面上左右的人群，又还原了场地和树木，并且为毛主席修出了洁白的牙齿，加强了毛泽东欢乐的笑容。除了毛泽东的标准像，陈石林当时加工过包括周恩来、刘少奇、朱德和林彪在内所有国家领导人的照片。

◎意义

中国人民银行从 1984 年发行第一套普通纪念币至今，共发行了 57 套 72 枚（张）普通纪念币（2005126），总发行量约 69 亿枚（张）。这些纪念币选题丰富多彩，设计独具匠心，规格材质多种多样，图案新颖美观，面额不等。题材有事件、会议、人物、动物，涉及政治、法律、体育、教育、环保、金融等多方面，将中华人民共和国 50 多年的辉煌成就及重要事件浓缩于纪念币的方寸之间。这些纪念币是中国人民币系列的重要组成部分，丰富和完善了中国的货币制度，弘扬了中国的货币文化。

◎发行简历

第一套人民币 1948 年 12 月 1 日～1953 年 12 月陆续发行；
第二套人民币 1955 年 3 月 1 日～1962 年 4 月 20 日陆续发行；
第三套人民币 1962 年 4 月 20 日～1974 年 1 月 5 日陆续发行；
第四套人民币 1987 年 4 月 27 日～1998 年 9 月 22 日陆续发行；
第五套人民币 1999 年 10 月 1 日以后发行。

第一套

解放战争时期，中国人民银行第一套人民币诞生了。1947 年 4 月，中共中央宣布成立了"华北财经办事处"，办事处以董必武为主任，统一华北各解放区的财经政策，调剂各解放区财经关系和收支，并于同时开始着手统一货币的工作。1947 年 10 月，成立了"中国人民银行筹备处"，以南汉宸为主任，中国人民银行筹备处主要着手中国人民银行的筹建工作。1948 年下半年，华北、华中、西北三大解放区的各印钞厂被中国人民银行筹备处进行改组。第一印刷局是由晋察冀边区印钞厂改组的；第二印刷局是由晋冀鲁豫边区各印钞厂合并组建的；第三印刷局由华中解放区和山东解放区各印钞厂合并而成的；石家庄印钞厂定为总行直属印刷局。华北人民政府在 1948 年 12 月 1 日宣布，山东解放区的北海银行，华北解放区的华北银行和西北解放区的西北农民银行合并，在河北省石家庄市成立中国人民银行，南汉宸为总经理，胡景沄、关学文为副总经理，中国人民银行总行发行科在上午九时将首批人民币交付给平山县银行，人民币由此诞生了。

中国人民银行首批发行的人民币有以下三种：

（1）1948 年拾元灌田、矿井券。

1948 年 11 月 1 日至 11 月 23 日印制了此券，此券由中国人民银行直属印刷局制版印刷，印刷工艺为石印四色，无水印，三冠柱体七位号码，正面图案为左边二人灌田，右边是矿井、铁路。票面的绿色底纹由"拾元"及禾穗组成，正面主色为浅绿色与深绿色。背面为蓝绿色花符。职章位于图案下方，总经理章居右，副经理章在左，中下方印有"中华民国三十七年"。此券的暗记为：正面右图左侧房屋下有空体字母 W，左图弯腰人屁股下有实体字母 W；背面左侧面额 10 的右下方有 1，右侧面额 10 的

左下方有 0，中央的"拾元"两字之间有一空心加圆框的五角星图案。

该券为第一套人民币中的低档品种，存世较多，目前钱币收藏品市场九至新品的价位在 350 元至 600 元左右。此券有两个品种：黄色厚纸、浅色薄纸，两个品种的暗记相同，浅色薄纸的较少。

（2）1948 年贰拾元驴子、火车券。

1948 年 11 月 1 日至 1949 年 5 月印制了此券，此券由济南第二印刷厂印刷，由中国人民银行第三印刷局制版，印刷工艺为胶印四色，无水印，正面图案为左边农夫赶驴子运肥，右边是对开行驶中的火车。职章位于图案下方，总经理章居右，副经理章在左。中下方印有"中华民国三十七年"。正面主色为棕色与绿色，浅蓝色底纹由几何图形与花纹组成，有 I II III 冠及 IV II X 冠（补号）两种冠号，柱体八位号码。票幅 120×64 毫米，框距 112×55 毫米。背面为紫色花符。

此券的暗记为：正面右边第一棵树丛上方有"人"字，右下方斜印字母 R；左图的右边第二棵树中上方有数字 20；右图左边火车头右下角有"上"字。背面无暗记。

该券在第一套人民币中可列入中档品种，由于发行量比拾元灌田、矿井券少许多，且纸质不易保存，所以存世量也比拾元灌田、矿井券少许多。

（3）1948 年伍拾元驴子、矿车券。

1948 年 11 月 8 日至 1949 年 2 月印制了此券，该券由中国人民银行第一印刷局制版印刷，印刷工艺为胶印五色，无水印，正面图案为左边驴子拉水车，右边是煤矿与矿车，远景为工厂。职章位于图案下方，总经理章居右，副经理章在左。中下方印有"中华民国三十七年"。浅蓝色底纹由"伍拾元"与几何图形组成，花边与中间花符为紫色。只有一种 III III 冠，柱体八位号码。票幅 133×70 毫米，框距 122.5×61 毫米。背面为棕黄色几何图形。

此券暗记为：正面左图左边远处房屋的山头上有"人"字，右边的小烟囱上有"民"字，右下方有"中"字；票面方框右下角有"民"字。背面右边面额"50"左上有"00"。

该券属第一套人民币中的高档品种，存世稀少，八五品以上更为罕见，已列入"第一套人民币十二珍"。

20 世纪 80 年代以来，由于研究的深入及存世量有所变化，到目前为止，"第一套人民币十二珍"定为：两种"五万元券"、两种"平头 3"券、"红火车大桥券""驴子·矿车券"及六种"少数民族券"。

第二套

1955 年 3 月 1 日起,第二套人民币开始发行,同时开始收回第一套人民币。第二套人民币共有 1 分、2 分、5 分、1 角、2 角、5 角、1 元、2 元、3 元、5 元、10 元 11 个面额,其中 1 元券有 2 种,5 元券有 2 种,1 分、2 分和 5 分券分别有纸币、硬币 2 种。第二套人民币和第一套人民币折合比率为 1:10000。为了便于流通,自 1957 年 12 月 1 日起发行 1 分、2 分、5 分三种硬币,与纸分币等值流通。1961 年 3 月 25 日和 1962 年 4 月 20 日分别发行了黑色 1 元券和棕色 5 元券,分别对票面图案、花纹进行了调整和更换。在当时情况下,由于大面额钞票技术要求很高,3、5、10 元由苏联代印,这三种券种从 1964 年 5 月 15 日起停止流通,其余券种从 1998 年 12 月 31 日起停止流通,其中纸分币从 2007 年 4 月 1 日起停止流通。

第二套人民币主辅币结构合理,设计主题思想明确,印制工艺技术先进、图案颜色新颖。主景图案表现了中国共产党革命的战斗历程和各族人民大团结的主题思想,集中体现了新中国社会主义建设的风貌。在印制工艺上除了分币外,其他券种全部采用胶凹套印,凹印版是以中国传统的手工雕刻方法制作的,具有独特的民族风格,其优点是版纹深、墨层厚,有较好的反假防伪功能。

第三套

1962 年 4 月 20 日,发行了第三套人民币。第三套人民币共有 1 角、2 角、5 角、1 元、2 元、5 元、10 元 7 种面额、13 种版别。其中 1 角券版别有 4 种,包括 1 种硬币,2 角、5 角和 1 元券有纸币、硬币 2 种。1966 年和 1967 年,又对 1 角纸币先后两次进行了改版,主要是调整背面颜色,增加满版水印。第三套人民币于 2000 年 7 月 1 日起停止流通。

在印制工艺上,第三套人民币继承和发扬了第二套人民币的技术传统、风格。制版过程中,精雕细刻,机器和传统的手工相结合,使图案、花纹线条精细;油墨配色合理,色彩新颖;票面纸幅较小,图案美观大方。

第三套人民币票面设计图案比较集中地反映了当时中国国民经济以农业为基础,以工业为主导,农工轻重并举的方针。这套人民币主题画面紧扣生产力的提高,科技元素丰富,是世界上最有社会主义特色和创新意识的货币。这套人民币发行时正是计划经济时代,社会主义计划经济要求对生产、分配、流通、消费都能有计划地进行。货币的发行被认为是直接关系到巩固无产阶级专政和全国经济生活的大事情。所以，货币发行与物资分配，都需要由中央来综合平衡，全面安排。

第四套

为了适应经济发展的需要，进一步健全中国的货币制度，方便流通使用和交易核算，中国人民银行自 1987 年 4 月 27 日，发行第四套人民币。共有 1 角、2 角和 5 角、1 元、2 元、5 元、10 元、50 元、100 元 9 种面额，其中 1 角、5 角、1 元有硬币、纸币 2 种。与第三套人民币相比，增加了 50、100 元大面额人民币。为适应反假人民币工作需要，1992 年 8 月 20 日，又发行了改版后的 1990 年版 50、100 元券，增加了安全线。

第四套人民币在设计思想、风格和印制工艺上都有一定的创新和突破。主景图案集中体现了在中国共产党领导下，中国各族人民意气风发，团结一致，建设有中国特色的社会主义的主题思想。在设计风格上，这套人民币保持和发扬了中国民族艺术传统特点，主币背面图景取材于中国名胜古迹、名山大川，背面纹饰全部采用富有中国民族特点的图案。在印制工艺上，主景全部采用了大幅人物头像水印，雕刻工艺复杂；钞票纸分别采用了满版水印和固定人像水印，它不仅表现出线条图景，而且表现出明暗层次，工艺技术很高，进一步提高了中国印钞工艺技术水平和钞票防伪能力。

第五套

中国人民银行于 1999 年 10 月 1 日起，陆续发行了第五套人民币。这套人民币共有 1 角、5 角、1 元、5 元、10 元、20 元、50 元、100 元八种面额，其中 1 元有纸币、硬币 2 种，1 角、5 角为硬币。为了使人民币的面额结构更加合理，也为了市场流通的需要，取消了 2 角券和 2 元券，增加了 20 元券。为了提高第五套人民币的印刷工艺和防伪技术水平，中国人民银行于 2005 年 8 月 31 日，发行了第五套人民币 2005 年版 100 元、50 元、20 元、10 元、5 元纸币以及不锈钢材质 1 角硬币。

第五套人民币不仅借鉴了国外钞票设计的先进技术，也继承了中国印制技术的传统经验，在适应货币处理现代化和防伪性能方面有了较大地提高。各种面额的货币正面均采用毛泽东主席建国初期的头像，底衬采用的是中国著名花卉图案，背面选用具有代表性的寓有民族特色的图案作为主景图案，

这充分表现了我国壮丽的山河和悠久的历史，弘扬了我国伟大的民族文化。

目前，除 1、2、5 分三种硬币外，第一套、第二套和第三套人民币已经退出流通，目前流通的人民币，是第四套人民币和第五套人民币，以第五套为主，两套人民币同时等值流通；流通的纸币有：1 角、5 角、1 元、5 元、10 元、20 元、50 元、100 元；硬币有 1 角、5 角和 1 元。

◎纪念币

根据《中华人民共和国人民币管理条例》第十八条规定："中国人民银行可以根据需要发行纪念币。纪念币是具有特定主题、限量发行的人民币，包括普通纪念币和贵金属纪念币"。

纪念币是可以作为商品进行交换买卖的人民币。普通纪念币和贵金属纪念币都是中华人民共和国法定货币，同属于纪念币的两种不同类别，但两者有着很大的区别：

第一，材质。从材质而言，贵金属纪念币要比普通纪念币更为贵重。贵金属纪念币一般是由金、银、铂等贵金属铸造，而普通纪念币一般由黄铜合金等普通金属材质铸造。

第二，流通性。贵金属纪念币的面额只是一个货币符号，不计入市场现金流通量，它不参与货币流通，但具有国家法偿性；而普通纪念币与我国现行流通人民币具有相同职能，与同面额人民币等值流通。

第三，发行量。一般情况下，普通纪念币发行量要远大于贵金属纪念币。

▶知识链接

为了保证毛主席的安全，毛主席从不上照相馆，于是陈石林从上万张底片中选中了一张毛主席与劳模的合影，并从"集体照"中抠出了毛泽东的头像。他把钟表的发条磨得很细，做成刀片，修掉了毛主席右后侧的人头。毛主席第一张标准照就这样在发条刀下诞生了，一年中就印刷了 2000 多万张人民币，并作为最高面值的纪念图案，成了日后的新版人民币。

| 拓展思考 |

1. 人民币发行有几个原则？

2. 人民币的发行主要通过什么实现的？

战争环境里诞生的第一套人民币

Zhan Zheng Huan Jing Li Dan Sheng De Di Yi Tao Ren Min Bi

第一套人民币是在 1948 年 12 月 1 日由人民政府所属国家银行印制发行的唯一的法定货币，这套人民币诞生于中国共产党的正确领导下、中国人民解放战争胜利进军的形势下。在图样题材上，选择了新社会人们的生活和当时的经济建设作为图案，生动地展现出了我国解放事业以及建国初期人们的生活、文化、政治、社会百态，使人们领略到在党的领导下全国各族人民艰苦奋斗、自力更生、齐心协力建设社会主义新中国、

※ 第一套人民币

新社会的如火如荼激情岁月。第一套人民币的发行促进了经济的恢复和发展，保证了解放战争的胜利进军，最终成为全国统一的货币，结束了国民党统治下几十年的币制一片混乱的历史状况。

◎关于中国人民银行成立

在中国新民主主义革命过程中，解放区和革命根据地的金融史上有 3 个不可磨灭的里程碑。第一个是在江西瑞金成立于 1932 年的中华苏维埃共和国国家银行；第二是在延安成立于 1941 年的陕甘宁边区银行；第三个是在石家庄成立于 1948 年 12 月 1 日中国人民银行。

在全国解放前夕，已经有由中国共产党领导的 30 余家银行发行各种票面货币 257 种。1947 年 7 月，在华北财经办事处主任董必武先生的提议下，经中央同意，开始组建中央银行，在华东、华北、西北三大解放区准备发行统一货币，当时也有很多人建议用"解放银行""联合银行"以及"全国解放银行"等名称。后来晋察冀边区银行的副总经理何松亭建议，采用"中国人民银行"这个名字。1947 年 10 月，董必武致电中央，经中央批准之后，一致决定用"中国人民银行"这个名称。未来的中央银行定名为"中国人民银行"。

1948 年 11 月初，董必武提出，要在平津解放前，成立中国人民银行，发行解放区统一货币。于是将西北农民银行和晋察冀边区的华北银行以及山东解放区的北海银行合并，在石家庄成立了中国人民银行总行；中国人民银行总经理由原华北银行总经理南汉宸担任。原定 1949 年 1 月 1 日成立中国人民银行的决定，提前到 1948 年 12 月 1 日。在中国金融货币史上，1948 年 12 月 1 日是一个重要的日子。这一天上午 9 时，首次发行中国人民银行货币，后来简称人民币。纸钞价格也是突飞猛进，连创新高。

◎发行原因

1948 年 12 月 1 日，新成立的中国人民银行总行印制发行了第一套人民币。这套人民币是唯一的法定货币，具有划时代的意义与价值。

1948 年，分散的各解放区随着人民解放战争的顺利进行，迅速地连成了一片，为了适应形势的发展，急需一种统一的货币来替代原来折算不便、种类繁多的各解放区货币。因此，1948 年 12 月 1 日，中国人民银行

在河北省石家庄市成立了，并同时开始发行统一的人民币。当时董必武同志任华北人民政府主席，他为该套人民币题写了中国人民银行行名。

1947年夏，我人民解放军进入解放战争的胜利反攻阶段，人民解放军野战部队在各解放区人民群众的配合下，取得了一个个重大胜利。各解放区进一步巩固和发展，华东、华北、西北解放区逐步连成一片，各解放区之间物资交流、贸易联系日益发展。但是当时各地货币比价不固定，货币不统一，这成为了贸易往来和经济发展的重大障碍，给野战军的机动作战造成了很多的不便。所以，各解放区货币版别多、比价不同、种类繁杂、相互折算不便的状况迫切需要改变，各解放区货币急需统一。

中共中央华北财经办事处于1947年10月24日成立，华北区财经工作由办事处统一领导，并着手开展统一货币工作。不久晋察冀边区银行币停止发行，冀南银行币成为华北解放区的统一货币。1948年1月，西北解放区陕甘宁边区银行币停止发行，西北农民银行币成为西北解放区的统一货币。10月，华北解放区货币与山东解放区北海银行币相互流通。11月，北海银行币在华北解放区统一流通。自此，北海银行币也成为华中和山东各解放区的统一货币。1948年底，全国各解放区除东北、中原等解放区自成独立货币体系外，华东、华北、西北三大解放区基本完成了货币统一的工作。

为了进一步统一解放区货币，也为了适应形势发展的需要，经山东人民政府、华北人民政府、晋绥和陕甘宁两边区人民政府会商决定，将山东解放区的北海银行、华北解放区的华北银行和西北解放区的西北农民银行进行合并，中国人民银行于1948年12月1日在河北省石家庄市成立了。南汉宸担任首任总经理，胡景云、关学文为副经理。统一的人民币于开始发行，这套人民币是中国人民银行成立后发行的第一套人民币。这套人民币上的"中国人民银行"六个字，是由当时的华北人民政府主席董必武同志题写的。第一批发行的人民币有三种券别，分别为50元、20元和10元，最先流通使用是在华北、山东和西北三大解放区。随后又发行了100元、5元和1元三种券别的人民币。此后，各种券别和版面的人民币在全国各个解放区得到了推广。

在统一各革命根据地货币的基础上发行了第一套人民币。发行统一的货币经历的过程非常曲折。在战争时期各革命根据地被敌人分割封锁的情况下产生了革命根据地货币。抗日战争胜利后，各解放区人民政府就开始

了统一货币的工作。例如，华中解放区发行了统一的华中币，收回和统一原来新四军开辟的抗日根据地发行的多种币值不等和名称不同的地方货币。类似统一货币的措施在其他解放区也得到了发展。但是，在各解放区统一货币工作尚未完成的情况下，国民党就发动了全面内战，解放区许多地方被国民党军队占领了，此时统一各解放区货币的工作不得不暂时停止。

◎兑换旧币

自第一套人民币发行之后，原来在各解放区流通的地方币陆续停止了发行，并且按照规定比价收回。在全部收回之前，地方币还可以按照一定比价照常流通。其比价如下：人民币对北海银行币、冀南银行币、中州农民银行币和华中银行币比价为1：100；人民币对东北银行币、晋察冀边区银行币、长城银行币和热河省银行币比价为1：1000；人民币对陕甘宁边区商业流通券和西北农民银行币比价为1：2000。

◎券别及图案

1949 年 1 月，北平得到了解放，中国人民银行总行被迁移到北京。全国解放后之后，各大区和省、自治区、直辖市相继成立了中国人民银行。1951 年底，除台湾省和西藏自治区外，都已经实现了全国范围内货币的统一，人民币成为了我国唯一的合法货币。到 1953 年 12 月，人民币发行券已经有 1 元券、5 元券、10 元券、20 元券、50 元券、100 元券、200 元券、500 元券、1000 元券、5000 元券、10000 元券、50000 元券 12 种。版别共有 62 种，其中 1 元券 2 种、5 元券 4 种、10 元券 4 种、20 元券 7 种、50 元券 7 种、100 元券 10 种、200 元券 5 种、500 元券 6 种、1000 元券 6 种、5000 元券 5 种、10000 元券 4 种、50000 元券 2 种。其中 20 元券第二版万寿山和 20 元券第七版万寿山、50 元券第二版火车大桥和 50 元券第三版火车大桥、50 元券第四版列车和 50 元券第五版列车、100 元券第三版万寿山和 100 元券第四版万寿山以及 100 元券第六版北海桥和 100 元券第七版北海桥，这五对人民币的图案相同，但颜色不同。此外，1000 元券第一版耕地券是第一套人民币中唯一一枚狭长币，其规格为 150 毫米×62 毫米。

在图样题材上，分别选择了农业、工业、商业、运输、交通、纺织、矿山和工厂等当时新社会人们生活和经济建设的图案，真实的体现了第一套人民币的地位、作用及历史意义，生动地展现出我国解放事业以及建国初期人们的生活、文化、政治和社会百态，使人们领略到在共产党的领导下，全国各族人民自力更生、艰苦奋斗、齐心协力建设新中国、新社会的如火如荼激情岁月。其中"打场图""水牛图""马饮水图""帆船图""蒙古包"是百姓最为熟悉的版别。

由于全国解放初期条件和当时各解放区环境的限制，第一套人民币的设计思想还不够统一，图案有的反映工、农业生产劳动的景象，也有反映交通运输的情景，还有的反映北京等地的名胜古迹……内容繁杂，主题思想不明确、不突出。钞票种类繁多，面额大小差别大。从1948年12月到1953年12月，共印制发行了12种面额、62种版别的人民币，最大面额是50000元，而最小面额只有1元。到了第一套人民币发行后期，面额只有1元的人民币退出了流通领域。印制工艺多种多样，产品质量更是参差不齐。为了满足解放战争的需要，以最快的速度进行钞票的印制、发行，当时只得采取应急措施，老厂新厂一齐上，新旧设备一齐用，工艺上采用了凹印、凸印、石印、胶印、凸胶合印、凸凹合印、胶凹套印七种技术，纸张、油墨等主要原料也都是就地取材。所以，钞票的印制工艺多种多样，质量更是参差不齐、差别很大。

◎重大意义

第一套人民币的发行增强了经济的恢复与发展，保证了解放战争胜利的需要，最终成为全国统一的货币，结束了国民党统治下几十年币制混乱的历史状况。

第一套人民币的发行是有计划有步骤的，考虑非常周密，对统一全国各解放区的货币、支持解放战争的全面胜利和建国初期的经济恢复、清除国民党政府发行的各种货币充分发挥了重要的作用，是我党的一项重大英明决策。在解放战争期间，对人民币的要求是"一切为了战争的胜利，人民解放军将红旗插到哪里，人民币就发行到哪里"。随着人民解放战争的胜利，统一发行人民币成功地清除了国民党政府发行的金元券以及其他各种货币。人民币的发行，不仅促进了人民解放战争的全面胜利，也结束了

国民党统治下几十年通货膨胀和中国近百年外币、金银币在市场流通买卖的历史。在建国初期的国民经济恢复时期，当时可以说从人民币就能看出没有共产党就没有新中国。当时新中国的现状是"一穷二白"，此时人民币就显得尤其重要，甚至比炮弹还要重要。人民币对稳定经济的重大意义关系到新中国的存亡，祖国的稳定需要货币的支持。因此，人民币在当时的情况下没有设准备金，不和黄金白银挂钩，也不和英镑、美元挂钩，对人民老百姓都具有很实在的好处，是具有独立自主性的货币体系，使我们建立起了自成一体的经济体系。可以说，第一套人民币是在党的领导下，成为了中国货币史上唯一统一的时代。

◎特点

第一，第一套人民币是在中国人民解放战争胜利进军的形势下，中国共产党的正确领导下，由人民政府所属国家银行印制发行的唯一的法定货币。"人民"两个字就说明这个钞票的性质，它不是某个官僚资本家的或某个财政金融寡头的，它必须是全国性的、全国人民的。

第二，第一套人民币不仅是战时货币，也是中华人民共和国成立初期经济恢复时期的货币，首先它要"一切为了战争的胜利"，服务于中国人民解放战争，解放军打到哪里，人民币就发行到哪里。人民币的发行促进了经济的恢复与发展，保证了解放战争胜利进军的需要，最终成为全国统一的货币，成为全国唯一的一套合法货币，结束了国民党统治下的几十年货币混乱的时代。

第三，第一套人民币是"艰苦奋斗"、"自力更生"的产物，其设计思想是以解放区的工业、农业、贸易、商业、交通、运输等各方面的典型实例作为选择图样的题材。解放区的印钞厂主要负责票版的设计制作，为我国人民币印制事业奠定了基础。

◎流通

人民币发行之后，流通区域逐步地扩大，原来各解放区的地方货币也逐渐停止发行和流通，并按规定比价逐步收回。1949年初，中国人民银行总行迁到北平，各省、市、自治区相继成立中国人民银行分行，到1951年底，人民币逐渐地成为中国唯一合法货币，在除台湾省、西藏以外的全国范围流通（西藏地区自 1957 年 7 月 15 日起开始正式流通使用人民币）。1955 年退出流通。

◎设计特征

第一套人民币在设计上统一了版式，扫除了其他原有货币的半殖民地色彩，票面上采用印章，而不再采用行长的签字，也取消了英文，正面所印的年号用"中华民国三十七年"，背面使用公元纪年 1948。还有一个非常重要的故事，在最初设计时，票面上是有毛主席头像的，送审时，毛泽东说："人民币是属于国家的，是政府发行的，我现在是党的主席，不是政府主席，怎么能把我的头像印上呢?"于是图案改为了与经济建设以及人们经历的生活场景有关的图案，如纺织、农耕、运输、交通、矿山和工厂等图景，如"工人和农民"图案的壹圆、"施肥"图案的贰拾圆、"运输"图案的壹佰圆等。虽然 50 多年过去了，但是从第一套人民币上的各种画面，还能强烈地感受到建国初期那种欣欣向荣的新气象。

◎称谓历史变迁

1. 中国人民银行钞票，最早见于 1948 年 11 月 25 日《华北银行总行关于发行中国人民银行钞票的指示》。

2. 新币，最早见于 1948 年 12 月 1 日华北人民政府发布的金字第四号公告，为区别解放区钞票，称解放区钞票为"旧币"，称中国人民银行的货币为"新币"。

3. 中国人民银行券，最早见于 1949 年 1 月 31 日《人民日报》关于《中国人民银行有关新币发行各种问题的答复》一文。

4. 人民券，最早见于 1949 年 1 月 31 日《人民日报》关于《中国人民银行有关新币发行各种问题的答复》一文。把中国人民银行券简称为"人民券"。

5. 人民币，最早见于 1949 年 6 月 14 日上海市直接税总，直税字第一号《上海市印花税稽行办法》。"人民币"这一名称第一次开始出现在中国大地上。

6. 第一套人民币，1950 年 8 月为设计新的人民币（指第二套人民币）时，中国人民银行设计方案和组建人员，称前一套人民币为第一套人民币。

◎历史背景

在战争时期各革命根据地被敌人分割封锁的情况下，产生了革命根据地货币。第一套人民币发行的目的，就是为了统一各革命根据地货币，统一货币经历了一个漫长、曲折的过程。抗日战争胜利之后，各解放区人民政府立即展开了统一本解放区货币的工作。华中解放区发行了统一的华中币，收回原来新四军开辟各抗日根据地时发行的多种地方货币，其他解放区也采取了类似的统一货币的措施。但是，在各解放区统一货币工作还没有完成时，国民党就发动了全面内战，解放区很多地方都被国民党军队占领，各解放区统一货币工作也不得不暂时停止。

1947 年夏季，中国人民解放军在人民群众和地方部队的配合下，取得了解放战争的重大胜利。各地区物资交流、贸易联系日益发展，而货币的比价不固定、货币币制不统一成了贸易往来的重大障碍，同时也给解放军机动作战中后勤补给等问题造成了巨大困难。

中共中央在 1947 年 10 月 24 日，批准了华北财经会议决议，首先在华东、华北和西北三大解放区之间进行了货币统一工作，晋察冀边区银行、冀南银行、北海银行和西北农民银行的货币按固定比价统一流通。

中国人民银行于 1948 年 12 月 1 日，宣告成立，当日就由河北省平山县银行发行第一批人民币 50 元第一版、10 元第三版和 5 元第一版，具有划时代意义，标志着第一套人民币正式诞生。

◎轶事

至今为止，我国已前后发行了五套人民币，人民币的变迁历史同时可以说也是我们祖国富强史的真实写照。北京印钞厂的老人张忠，曾经参与了第一套人民币的印制工作。他回忆说："这是一项全新的工作，我们终于可以拥有自己的货币了，从而走出了中国半殖民地半封建社会的历史。第一套人民币各种票面均采用与新社会经济建设以及人们经历的生活场景有关的图案，比如工人、农民、施肥、运输等。"

张忠还介绍了许多关于第一套人民币的鲜为人知的故事。1945 年抗战胜利以后，为了和平，毛主席去了重庆，与国民政府达成了停战协定。但到 1946 年，蒋介石撕毁了协议并发动了内战。当时形势严峻，国民党

要占领解放区的各大城市。经过解放区军民的顽强斗争，最终打退了敌人的进攻，并且随后在 1947 年发起了大反攻。大反攻形势发展迅速，原本分散的各解放区迅速连成一片，因此解放区与解放区之间需要交流经济，流通货币，而当时各解放区之间币值不统一，造成了货币流通不畅，这成了一个大难题。因此，董必武同志被党中央任命为华北财经办事处的主任，主要负责解决这个问题。董老是个非常高明的经济学者，他设想先统一晋察冀解放区内部的货币，再以此为基础将其他各解放区的货币统一起来，而且争取在货币统一之前把银行也统一起来。于是华北银行在 1948 年成立了，华北银行只运行了几个月的时间。1948 年 12 月 1 日，经经党中央批准，在河北省石家庄市，中国人民银行在华北银行的基础上成立了。就在当天，已经担任华北人民政府主席的董必武同志发布命令，开始发行统一的人民币，并且用柳体字题写了票面上的"中国人民银行"六个字。当时人民币这个名称也是经过反复协商和讨论才确定的，因为是为人民服务的，是人民的货币，所以得到此名。这是中国货币历史上一个非常重要的转折点。另外，因为新中国的成立必须要有新货币的支持，中央要求第一批人民币发行 50 亿。

◎珍藏版

彩银浮雕

为了纪念中国人民银行成立以及中华人民共和国第一套人民币发行 58 周年，由中国人民银行授权、中国印钞造币总公司制作了我国第一套《中华人民共和国第一套人民币纯银微缩珍藏册》（精装版）。自 1955 年第一套人民币退出流通之后，收藏价值就一路飙升，有的竟从 1975 年的 6 千多元飙升到现在 200 万元这样价格，现在全球仅存 30 余套。"彩银浮雕版第一套人民币"全套是以总重 1458 克的纯银打造的，包括"第一套人民币"全部 62 枚，每枚平均重达 235 克。它采用浅浮雕、双面彩印等高端工艺，把第一套人民币的票面图案，精湛地雕刻、印制在 999 纯银上，画面雕刻丝丝入扣，流光溢彩，传神逼真地再现了第一套人民币的原汁原味。而且邮政部门还特批发行了 124 枚配套专用的纪念邮票。

微缩金条

建国 60 周年庆典时，第一套人民币微缩金条珍藏大礼隆重巨献。此套微缩金条由中国印钞造币总公司负责制作发行，由总公司直属企业中钞国鼎投资有限公司权威总经销。全套由 620 克纯金打造而成，金条成色 Au999。此套运用了高科技的铸造工艺，将中华人民共和国发行的第一套国家法定货币，共 12 种面额、62 种版别的图案微缩再现于金条之上，每枚重 10 克，正背面图案均与人民币一致。在工艺上，金条采用了双面彩印、浮雕工艺同步制作的造币技艺，浓缩铸刻了农业、工业、纺织、商业、运输、交通、工厂和矿山等新社会人们生活和当时经济建设的图案。在国家货币贵金属收藏品中属于难得的珍品，全球仅限量发行 8000 套，是对祖国生日最好的礼物。

◎收藏

第一套人民币不仅面值较多、种类复杂，而且流通的时间也比较短，第一套人民币部分版别的发行和流通数量很少。第一套人民币停止使用的时间已经长达半个多世纪之久，其间又经历了多次经济改革以及政治运动，所以被收藏者保存下来的并不多，能将全套集全者更属凤毛麟角。全套全新的第一套人民币，价值高达 300 万元；全套八成新品相的目前价格也接近百万元。

收藏旧币首先要注意品相，纸币首先一定要完整，其次藏品起码要七八成新。由于第一套人民币的品种多、印刷水平差别很大、防伪效果较差，所以一些在收藏市场见到的所谓真品，如果价格太便宜的话就要细心辨别真伪，以防上当。

◎第一套人民币价值分析

从 1948 年 12 月 1 日开始发行，到 1955 年 5 月 10 停止流通使用的第一套人民币，共有 12 种面额，62 种版别，其中 1 元券 2 种，5 元券 4 种，10 元券 4 种，20 元券 7 种，50 元券 7 种，100 元券 10 种，200 元券 5 种，500 元券 6 种，1000 元券 6 种，5000 元券 5 种，10000 元券 4 种，50000 元券 2 种。其中最大面额为 50000 元，最小面额仅为 1 元。

其中以"十二珍品"的价值为最高,"十二珍品"包括:伍圆的"水牛图",伍拾圆的"水车和矿车",伍佰圆的"瞻德城",壹仟圆的"帆船图""牧马图",伍仟圆的"蒙古包""牧羊图""渭河桥",壹万圆的"骆驼队""牧马图",伍万圆的"收割机""新华门"。其中伍佰圆的"瞻德城",伍仟圆的"蒙古包",壹万圆的"牧马图"和壹万圆的"骆驼队"更是"十二珍品"中的"四大天王",单张价值也是年年攀升。

▶ 知 识 窗

　　2010 年中国成为全球第二大经济体,超过了日本。国家施行积极的财政政策和稳健的货币政策,以经济发展为基础,我国老百姓生活质量得到了进一步完善,生活水平也是越来越高。面对银行利息低和日益上涨的物价导致的通货膨胀,以及房地产市场政策的出台,对于有投资想法的老百姓而言,"股市""楼市"已不再是投资的首选。收藏作为全球第三大投资项目,将成为最好的投资渠道。

　　2010 年在拍卖会市场,无论是艺术品市场的字画、瓷器还是寿山石和明清家具都打破历史记录,屡创新高,而我国的收藏品市场,不管是金银币、钱币还是邮票,甚至连电话卡也都成为了老百姓投资理财的渠道。

　　第一套人民币作为中国钱币史上的开山鼻祖,作为蕴含历史价值的"文物",经过 60 多年的市场消耗和沉淀,它的艺术价值和历史价值早已被世界各地的投资者和收藏家所认可。

　　全套的第一套人民币,在 2000 年每套售价为 21.7 万元,2002 年就飙升到了48.7 万元,到 2009 年价格更是突破 300 万元,从武汉收藏市场获悉,目前其价格已经突破 400 万,"四大天王"级别的"牧马券"价格也突破了 180 万元。

▌拓展思考▐

1. 第一套人民币发行的时间?

2. 人民币这个名称第一次开始出现在中国大地上是什么时候?

有趣的金融——货币知识一点通

奋发图强的第二套人民币

Fen Fa Tu Qiang De Di Er Tao Ren Min Bi

第二套人民币于 1955 年 3 月 1 日，在第一套人民币的基础上开始发行的。当时战争给国民经济带来的影响已经消除，工农业生产迅速恢复和发展，商品经济日益活跃，市场物价也已经相对稳定。在收支平衡的基础上，国家财政连续几年增长，国家黄金储备、商品库存也连年增加，货币制度相对巩固和健全，一个统一、独立的货币制度已

※ 第二套人民币

经建立起来。不过，由于解放之前连续多年的通货膨胀遗留的影响并没有完全消除，第一套人民币的面额较大（最大为 5 万元），并且单位价值较低，在计算和流通时，以万元为单位，非常不利于商品的流通以及经济的发展，给人民生活带来很大的不便。另外，由于受当时技术条件和物质条件的限制，第一套人民币的券别种类繁多（62 种），文字说明单一，而且纸张质量也比较差，票面破损相当严重。

为了提高人民币印制质量，改变第一套人民币面额过大等缺点，使我国货币制度得到进一步完善，国务院于 1955 年 2 月 21 日发布命令，决定自 1955 年 3 月 1 日起由中国人民银行发行第二套人民币，并且收回第一套人民币。第二套与第一套人民币折合比率为：1∶10000

第二套人民币于 1955 年 3 月 1 日公布发行，共有 1 分、2 分、5

分、1角、2角、5角、1元、2元、3元和5元10种，1957年12月1日又发行1种10元。为便于流通，国务院同时发布命令，自1957年12月1日起发行1分、2分和5分三种硬币，与纸分币等值流通。随后对1元纸币和5元纸币的花纹、图案又分别进行了调整以及更换颜色，分别于1961年3月25日和1962年4月20日发行了1元黑色券和5元棕色券。这就使第二套人民币的版别由最初公布的11种增加到了16种。中国人民银行于1964年4月14日，发布了《关于收回三种人民币票券的通告》，决定从1964年4月15日开始限期收回苏联代印的1953年版的3元、5元和10元纸币，1964年5月15日停止收兑和流通使用。

第二套人民币的设计、印制发行工作，得到了陈云、周恩来等中央领导同志的高度重视以及极大关怀，并且他们还亲自审查了整个设计方案。在设计时，周总理提出了很多具体的修改意见，并且得到了采纳。这些宝贵的意见使第二套人民币的印制工艺技术先进，设计主题思想明确，图案颜色新颖，主辅币结构合理。这套人民币的主景图案内容体现了新中国社会主义建设的风貌，表现了各族人民大团结和中国共产党革命的战斗历程的主题思想。钞票式样采用了左右花纹对称的新规格，打破了原先固定的四边框形式；按面额大小票面尺幅分档次递增；整个图案、花纹、花边线条鲜明、美观、精密、活泼，非常具有民族风格。在印制工艺上，这套人民币除了分币以外，其他券别全部采用胶凹套印，其中10元纸币还采用了当时先进的接线印刷技术；1元、2元、3元和5元纸币采用正背面双凹印刷；角币为正面单凹印刷。第二套人民币的凹印版是用我国传统的手工雕刻方法制作的，具有独特的民族风格。其优点是版纹深、墨层厚，具有较好地反假防伪功能。因此，第二套人民币发行后很快就得到了人民群众的欢迎，称赞这套人民币好认、好算、好看、好使。实践证明，第二套人民币是我国第一套精致、完整的货币，为健全我国货币制度，促进社会主义经济建设起到了重要作用。

◎收藏价值

第二套人民币纸币一共有11种面值，16种版别，其中分币采用的是

平版印制技术；角券采用正面凹印，背面平印的印制技术；元券采用正背面双凹印印制技术，10元纸币还采用了当时先进的接线印刷技术。具有版纹深、墨层厚、容易辨别真伪等特点，与第三套人民币相比纸质较厚。第二套人民币的流通时间约有10年左右，1953年版从1955年3月1日发行，大约在1964年开始银行就只收不付了；1956年版约在1962年发行，在70年代开始回收。

据收藏天下网报道，从2005年起，第二套人民币纸币出现了较大地涨幅，主要是因为第二套人民币纸币存世量很少，流通的时间短，但是市场需求旺盛，大幅度上涨将是必然的结果。而第二套人民币纸币多数是通过礼品册成套或个人收藏的方式消耗，沉淀在个人的手中，很少会回流到市场上。

第二套人民币纸币不像邮票有大量的品种、数量提供炒作。针对第二套人民币纸币投资以及炒作的成分很少，就算有大量的投资资金进入，也很难达到炒作的目的，因为市场上的货源非常少，根本没有可供炒作的货源，即使有钱不一定能买到想买的，除了分币与5角券仍有成封（即100张连号）的货源外，其他的票券大部分是旧票，全新品相的极少，特别是全新品相的53年版元券更是凤毛麟角了，很难买得到，市价更是不断飙升，未来仍然有上涨空间。

1953年的1角，又称黄一角，存世量少，2005年1月全新品相的市价约为40元，现在市价约为70元，涨幅不大。

无号纸分币有1分、2分和5分。无号纸分币发行于80年代，有人将无号纸分币归纳到第三套人民币，但按照中国人民银行的公布，无号纸分币仍属于第二套人民币的范围。由于无号纸分币存世量多，目前市价非常低，不到2分一张，但早期发行的价钱会较高一点，特别是面值5分的。由于市场价格不统一，从投资角度来说，风险较高，因此专门收藏无号分币的人不算多。

有号分币有1分、2分和5分。一套有号分币的市价约为90元，其中面值5分的市价约为70元，在目前来说，有号分币价位并不算高。由于有号分币与无号分币相比价钱较高，因此有些人利用无号分币改造成有号分币来出售，但只要仔细对比，研究还是很容易识别它们之间的不同，正规的市场大的币商一般不会出现这样的情况。

◎背景资料

1950 年 1 月，该套人民币的初步设计方案，上报了中共中央，同年 5 月，得到中央原则批准。陈云批示："此事应该准备，但仅仅是准备，不能草率。必须讲究纸质之统一，图案之适当，颜色之配备，秘密符号之拟制……此外，票面尺寸、票额大小，均须慎重研究才能决定。"中国人民银行于 1951 年 2 月，再次上报了人民币的设计、印刷等方案。周恩来总理亲自审核了该方案以及每一个票版的画稿，提出了许多重要修改意见，并传达了毛主席的指示，即人民币上不要印毛主席的像，"中国人民银行"行名排列应将从右向左改为从左向右的顺序排列。

例如：1 分券的原设计稿主景设计，画面上的汽车是我国装配的美式汽车图样，建议"还是改一下为好，免得外人误会"；2 角券上毛泽东号机车头上有毛主席像，建议改成五角星；1 元券原设计稿主景为天安门，有彩灯、红旗以及毛主席像，批示将彩灯、红旗和墙上的挂像去掉；2 元券原设计稿为金黄色，显得与其他主币色调很不协调，而且 1 元券与 2 元券之间的色样，"在广大劳动群众的习惯上易于混淆"，建议改成蓝色；5 元券的主景设计为"民族大团结"，原设计稿是群像中有人高举着毛主席的画像，周总理指出："民族大团结的主景可用，但根据毛主席的意见不要把他的像画上"，后来换成了两幅语录牌，由周总理定为"中华人民共和国万岁"和"中国各民族大团结万岁"；而 10 元券的主景设计为工农兵，周总理指出主景中的"农妇""年纪太苍老，要画得健康一些""战士的形象不够英勇，手中拿的还是美式卡宾枪，不恰当"，要求重新修改，加以完善。中央领导人的明确指示和极大关怀，为更好地完成这套人民币的设计与印刷任务打下了坚实的基础。

这套人民币发行以后，得到人民群众热烈地称赞，称新币好认、好算、好看、好使。主要原因有三：一是这套人民币主题设计思想明确，分票以交通、工业为主题，角票反映的是农业机械化、搞好生产、建设工业的场面，体现了新中国社会主义建设的新风貌，1 元、2 元、3 元券分别采用的是北京天安门、延安宝塔山、井冈山龙源口图景，表现了中国共产党革命的战斗历程，5 元券和 10 元券则分别表现了各族人民大团结以及工农联盟的主题思想；二是这套人民币的式样打破了原先固定的四边框形

式，采用左右花纹对称的新规格，按面额大小票面尺幅分档次递增，整个图案、花边、花纹线条鲜明、美观、精密、活泼；三是除分币以外，其他面额的人民币全采用胶凹印刷，其中 10 元券还采用了当时先进的接线技术。

◎海鸥水印券

在第一套人民币统一全国货币的基础上，第二套人民币于 1955 年 3 月 1 日开始发行，共有主辅币 11 种面额，13 个品种，16 种版别。第二套人民币钞票用纸大多由苏联代为抄制，共有 3 个品种的水印钞票纸，10 元券为中华人民共和国国徽图案固定水印纸，2 元、3 元、5 元券（1953 年版和 1956 年版二）为实心五角星花纹混合满版水印纸，1 角、2 角、5 角、1 元、5 元（1956 年版一）券为空心五角星满版水印纸，其中，5 角券有无水印和空心五角星满版水印两种钞纸，1956 年版深棕色 5 元券有空心五角星满版水印和实心五角星花纹混合满版水印两种钞纸。

现在市场上普遍俗称的"海鸥水印"，其实就是"实心五角星花纹混合满版水印"，也可以称为"梅花孕星水印"，在纸币内有一颗实心五角星，周围有类似梅花的花纹的满版水印图案，在纸币的边沿能够看到不完整的梅花花瓣，就像随意勾勒出的海鸥图案，所以被人们称为"海鸥水印"。第二套人民币"海鸥水印"票券共有四种，分别是 2 元、3 元、1953 年版 5 元和 1956 年 5 元券，其中 3 元券和 1953 年版 5 元券就是俗称"苏三版"中的两枚，2 元券目前在市场上表现的不温不火，市场价大约在 200 元左右。

中国人民银行于 1964 年 4 月 14 日发布了《关于收回三种人民币票券的通告》，通告决定收回由苏联代印的 1953 年版的 3 元、5 元和 10 元券，从 1964 年 4 月 15 日开始限期收回，1964 年 5 月 15 日停止收兑和流通使用。因此，这两枚有着"海鸥水印"的票券显得更加珍贵。目前，单枚全新品相的市场价已经超过 4000 元。随着第二套人民币收藏市场的不断升温，"海鸥"飞处彩云飞，价格进一步上涨是必然的趋势。

◎人民币秘闻

在中华人民共和国成立后，人民币伴随着新中国的成长，经历了几度风雨、几度春秋。数十年来，它的变迁历史一直秘而不宣，至今仍然是鲜为人知。

原计划在1949年1月1日成立中国人民银行，并发行人民币，但由于人民解放战争胜利在即，所以决定提前一个月正式开业，并于同时将各根据地8种货币全部按比价兑换成人民币。新币的设计、制版和印刷委托晋察冀边区印刷局来进行。人民币正楷汉字是由董必武书写，并由佳木斯东北银行印钞厂代印的。

为了防止发生意外，新的人民币不加印号码签章，也不切开，印好之后由大连经烟台运送到石家庄加工为成品。在河北省石家庄市，1948年12月1日上午9时发行了第一批人民币，这批人民币有伍拾元券、贰拾元券、壹拾元券三种票币。其中第一号伍拾元券人民币直接被发行票币的石雷科长保存至今。为了庆祝这一喜讯，中国人民银行第一任行长南汉宸于当天下午在石家庄花园饭店设了一桌便宴。第二天，这条具有深远历史意义的新闻就在《人民日报》的显著位置发布了。

从1948年12月1日起，到1953年12月为止，第一套人民币共印制发行了12种面额、62种版别。

建国之初印制的票币是由中央美术学院罗工柳、周令钊、王式廓设计的。由于当时的战争环境，只能采取多地区分散制版、印刷和分地区就近发行的办法。票面额相差很大，从1元、5元到5万元票券，纸张、油墨多样化，印刷技术也是各不相同，石版、胶版、凹版、凸版和胶版与凹版套合。其中5万元券由于当时国内的经济状况和国际环境影响而没有流通。根据党的路线和政策，这套人民币的图案建立工业化主题有23个版别，发展生产主题有20个版别，表现工农联盟主题有4个版别，集中反映了人民的意志。

◎领袖头像为何终于上了人民币

从1987年4月27日起，到1992年8月20日为止，第四套人民币共印制发行了9种面额、14种版别。在改革开放的新形势下本套票币应运而生，仍是由罗工柳等5人设计的。起初并没有考虑发行50元券和100元券这两个票种，后来群众纷纷反映，在购买贵重物品的时候，需要提上大量现金，希望能够发行较大面额的人民币。为便利流通和交易，银行经

过多方比较，决定满足广大群众的要求，发行 50 元券和 100 元券这两种大额票币。

为了能够科学地概括"毛泽东思想是中国共产党集体智慧的结晶"，100 元券上突出了老一辈无产阶级革命家毛泽东、周恩来、刘少奇、朱德的侧面浮雕像，为建国后人民币中以领袖头像作图案开创了先河。

本套人民币的纸张采用国产棉短绒和木浆为原料的高级钞券纸，光洁度和坚挺度都很好，不断裂、不发毛、拉力强、耐磨、耐折、耐腐蚀等优点。除角币、分币外，其他面额的纸币经过特别工艺的处理，在纸张内分别形成固定水印、半固定水印、不固定水印三种图案。其中难度最大的是固定人像水印图案，它的工艺要求极高，制作特别复杂，因为它不仅仅要表现线条，更要表现明暗层次，例如，100 元券的毛主席侧面浮雕水印像、50 元券的工人水印像和 10 元券的农民水印像。这些水印防伪技术，已经达到了世界领先水平。而且本套人民币的油墨也分别采用荧光油墨、珠光油墨、光可变油墨、红外光油墨等，能体现墨色鲜亮，薄而光洁、耐磨、耐热、耐氧化，使用荧光油墨和光可变油墨时，在紫外线下可以看出字母或数字，票面倾斜时，图案颜色能够由绿变蓝。这些技术都是非常保密的。另外，本套纸币在纸浆中掺入的彩点和纤维，有的用针尖能挑出来，有的要用放大镜才可以看到。而且在 1990 年版的 100 元和 50 元券中，设计了一道贯通上下的黑色金属安全线，用来让人们仰着透视时辨别真伪。

▶ 知识拓展

于 1955 年 3 月 1 日开始发行的第二套人民币，目的是为了治理解放前遗留的通货膨胀问题。后期由于和苏联关系恶化，部分先前由苏联帮助印刷的纸币，（著名的大黑拾、伍元、叁元）于 1964 年 5 月 15 日完全退出了流通，结束了有外国给新中国印刷纸币的历史。这套人民币发行八年，商品经济日益活跃，工农业生产迅速恢复以及发展，有效地预防敌对实力输送假钞的问题，维护了新中国的经济安全，期间经历了三年大饥荒，浮夸风等"左"倾错误，致使整个国民情绪进入特别时期。第二套人民币承载了太多人民的酸甜苦辣。收藏这套人民币就等于收藏一本最好的社会科学教科书。谨记历史，开拓未来。

|拓展思考|

1. 10 元纸币采用了什么印刷技术？

2. 100 元券上面都有哪些领导人？

3. 第二套人民币如何辨别真伪？

不断创新的第三套人民币

Bu Duan Chuang Xin De Di San Tao Ren Min Bi

于 1962 年 4 月 15 日开始，中国人民银行发行了第三套人民币。这套人民币与第二套人民币比价相等，并在市场上与第二套人民币混合流通。这套人民币与第二套人民币的差别是增加了 1 角、2 角、5 角和 1 元四种金属币，取消了 3 元纸币。由马文蔚先生来书写纸币中"中国人民银行"六字。票面上两方印章分别是"行长之章"和"副行长章"。纸币的背面印有用汉语

※ 第三套人民币

拼音、维吾尔文、藏文、蒙古文、壮文书写的"中国人民银行"字样。从 1962 年 4 月 20 日第三套人民币发行枣红色 1 角纸币起，到 2000 年 7 月 1 日停止流通，前后经历了 38 年。

◎发行版别

第三套人民币共有 1 角、2 角、5 角、1 元、2 元、5 元、10 元券 7 种面额、9 种版别，其中 1 角券有 3 种，2 角、5 角、1 元、2 元、5 元、10 元券各有 1 种。先后于 1966 年和 1967 年，对 1 角纸币进行了两次改版，主要是调整背面颜色，增加满版水印。这套人民币票面设计图案集中地表现了当时我国的国民经济以农业作为基础，以工业作为

※ 第三套人民币

主导，农轻重并举的方针。

◎设计理念

在印制工艺方面，第三套人民币继承并且发扬了第二套人民币的技术传统和风格。发行过程中，制版精雕细刻，运用传统的手工和机器相结合的方法，使图案、花纹线条更加精细；油墨配色更加合理，色彩明快、新颖；票面纸幅比较小，图案大方美观。

为了促进商品的流通以及工农业的发展，也为

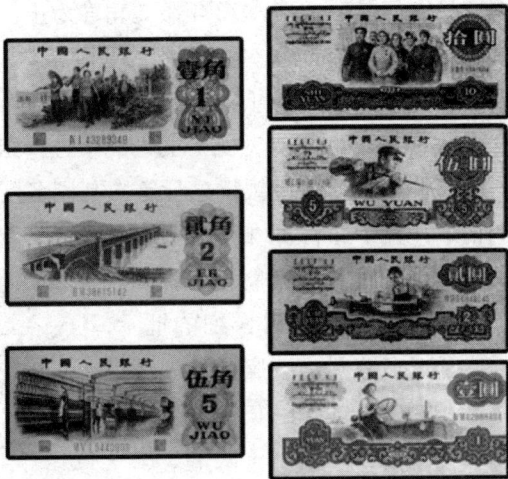

※ 工业为主的第三套人民币

了方便群众的使用，中国人民银行经国务院批准，于 1962 年 4 月 20 日开始发行第三套人民币。这套人民币和第二套人民币比价为 1：1，即第三套人民币和第二套人民币票面额等值，并可以在市场上混合流通。

中央和国务院对这套人民币纸币的设计、印刷很重视，周恩来总理还作出了具体指示。他指出原设计稿的票面面积太大，不大像票子；色彩过于鲜艳，不够协调；人像一般化，个性不够突出；有些票子的背面图应该互相掉换，例如原 2 元券的背面图景是"露天煤矿"，原 5 元券的背面图景是"石油矿井"，两者应该互相掉换，把"露天煤矿"当作 5 元券的背面图景与其正面炼钢图景相配套，把"石油矿井"作为 2 元券的背面图景与其正面机械工业图景配套，这样更加合理；原设计稿中 1 角券图景为"干部参加劳动"，考虑到 1 角的票子学生们应该用得多些，要求改成"教育与生产劳动相结合"的图景；就连 1 元券稿样中有一处汉语拼音错误，也被周恩来总理及时指明改正。稿样设计时，邀请了中央工艺美术学院、中央美术学院的著名教授座谈，听取意见。所以，这套人民币的质量有了很大的提高。

◎第三套人民币简介

从 1962 年 4 月 20 日开始发行 1960 年版枣红色 1 角券，到 1974 年 1 月 5 日发行最后一张 1972 年版 5 角券为止，第三套人民币经过了 12 年时间，共发行 7 种面额、8 种原版的 9 种票券。如果按照冠号、印制工艺以及钞纸的不同，至少可以细分为 24 种。

从 1955 年就开始对第三套人民币进行组织调查，制定方案。1959 年 1 月 23 日，中国人民银行总行首次向国务院上报了关于更换新版人民币的请示，并于 2 月 14 日，将新版人民币设计画稿的主题思想上报给了中央政治局各位领导审阅，周恩来总理对此作了十分认真详细的批示，提出了很多意见。按照周总理的批示，在中央美术学院和中央工艺美术学院专家罗工柳、王式廓、周令钊、侯一民、陈若菊、邓澎等的主持下，由印制系统专业技术人员张作栋、石大振、贾鸿勋、刘延年、沈乃镕等组成参加设计绘制的小组。经过印制专业技术人员和美术专家的密切合作，并反复修改，设计出了新的方案。中国人民银行总行于

※ 第三套人民币中的五分纸币

1959 年 6 月 6 日，再次上报了设计修改稿。在这期间，除 10 元券和 5 角券外，其他面额的票券设计方案都被批准并已陆续投入生产。因 10 元券正背面图案及水印内容没有确定，其方案经过反复修改，直到 1965 年 6 月 18 日才被中央批准，所以年号也改成了"1965"年；5 角券因为在 1959 年周恩来总理审批设计稿时提出"角券中是否用一个轻工业"的意见，也一直没有定稿，直到 1972 年 7 月 24 日才上报了设计稿样，7 月 26 日经国务院批准，所以，票面年份也改成了"1972"年。第三套人民币上的汉字行名仍然沿用马文蔚的书体，但汉字面值改成了印刷的宋体字。

设计图案经国务院批准之后，中国人民银行总行立刻组织吴彭越、鞠文俊、林文艺、赵亚云、苏席华、王雪林、高增基、贾绪丰、刘国栋、张

永信等雕刻师们共同会商，充分发挥了各自的雕刻特长，机器雕刻与手工雕刻相结合，使第三套人民币的防伪性和艺术性表现更为突出，其中最具代表性的作品是吴彭越雕刻的5元券正面的炼钢工人和鞠文俊雕刻的1元券背面的天山放牧图。为了高速度高质量地印制第三套人民币，也为了能够及时满足市场流通的需要，印制系统的工程技术人员沈永斌、李根绪、陈彭年、鲍振增、刘正祥、柳溥庆等相关单位技术人员通力合作，突破了印制设备技术的重重难关，并且同时造出了我国自己的水印钞票纸，例如，国旗五角星满版水印、天安门固定水印和空心五角星混合满版水印，均由袁荣广、郑新臣设计雕刻。从此，我国货币生产依赖外国的历史结束了。

◎流通情况

这套人民币面额有7种，分别是1角、2角、5角、1元、2元、5元、10元，分币仍然采用第二套的。1980年4月15日，经国务院批准，中国人民银行又发行了4种金属人民币，分别是1角、2角、5角、1元，1角、2角、5角的材质为铜锌合金，1元币为铜镍合金。这4种金属币当时主要用来对国外旅游者销售，以增加外汇收入，在国内只是象征性地发行。经过18年的调整以及更换，第三套人民币至此共发行了7种面额，13种版别，分别是1角券、币4种，2角券、币2种，5角券、币2种，1元券、币2种，2元券1种，5元券1种以及10元券1种。于1960年4月20日发行的人民币一共有2种面额，其中1956年版的棕色5元券属于第二套人民币的最后一个券种，而1960年版的枣红色1角券则是第三套人民币开始发行的标志。深绿色2元券和墨绿色2角券，于1964年4月15日同时发行。由于1962年版1角券背面颜色和1962年版2角券背面颜色非常相似，不容易辨认，所以1967年12月15日对1962年版1角券背面颜色进行了调整，并重新发行了1962年版1角券，背面颜色由深棕、浅绿改成了酱紫、橘黄。于1974年1月5日发行的1972年版5角券，是第三套人民币的最后一个年版号。

第三套人民币从60年代发行以来，一直流通到21世纪初，是迄今为止流通时间最长的一套人民币，对促进经济发展起到了重要作用。这套人民币从1962年4月20日发行1960年版枣红色1角券开始，到1974年1月5日发行最后一张1972年版5角券为止，经历了12年时间，共发行7

种面额、8 种原版的 9 种票券。如果按照冠号、印制工艺以及钞纸的不同，至少可以细分为 20 余种。

◎第三套人民币新的特点

第一，主题思想非常鲜明，内容能够相互呼应，而且非常具有民族特色。两种原版的 1 角券正面都是"教育与生产劳动相结合"的图案，只是其中一个是侧视图，而另一个是正视图，象征着文化教育的新改革；2 角券正面图案为武汉长江大桥图，象征着社会主义建设新成就；而 5 角券的正面图案为纺织车间图，象征着轻工业的发展。这三种面额的角券背面分别采用的是菊花、牡丹花、梅花、棉花组成的图案，象征着社会主义文化、艺术、科学等百花齐放，欣欣向荣的景象。1 元券正面为女拖拉机手的图案，象征着以农业作为基础，背面的羊群图案则象征着畜牧业的发展；2 元券正面为车床工人的图案，象征工业为主导，3 元、5 元券正面为炼钢工人图案，象征工业以钢为纲；2 元、5 元券背面的石油矿井和露天煤矿象征能源工业的发展；10 元券正面为"人民代表步出大会堂"的图案，象征人民能够参政议政，当家做主人，背面以彩带和红色牡丹花衬托天安门，象征着伟大祖国的团结和富强。

第二，进一步地打破了封闭的边框式设计思想。我国旧式钞票的设计思想是属于封闭式的，图案全都被围在一个矩形花框内。在设计第二套人民币的时候，已经作出了一些打破这种模式的尝试，改为上下边框，实践证明这种尝试还是比较成功的。第三套人民币的设计作出了更大胆的突破：主币不仅取消了上边框，下边框也有了较大地变形，成为了非常富有民族风格的图案。辅币除了最初设计的枣红色 1 角券仍然保留了变形的底边框外，其他全部取消了边框，成为开放式构图。这样就能够使画面在较小的票面上显得更加开阔、深远。

第三，色彩更加丰富。第二套人民币由于印刷技术的限制，基本上都是单色的，这样的票面既不是很美观，也不利于防伪。而第三套人民币的票面除了有一个基本色调以外，还采用了多色印刷的技术，这就可以使画面的色调更加活泼、丰富，也能够提高防伪性能。

第四，增设了壮文。并且调整了四种少数民族文字的排序以及印制位置。第三套人民币接受民族事务委员会的建议，在第二套人民币蒙、维、

藏文的基础之上增设了壮文，并重新按蒙、藏、维、壮顺序来重新排列。根据票面的图案布局，四种少数民族文字的印制位置也进行了重新调整。

第五，缩小了票幅。中国人民银行总行于 1961 年 10 月 16 日，上报"缩小新版人民币票幅"的报告，主要是因为我国农业连续两年遭受自然灾害，为了能够最大限度地节约原棉等纤维原料以及胡麻油的消耗，10 月 29 日获得了国务院的批准。所以，第三套人民币各个面额票券的票幅都比第二套人民币同面额票券有了一定比例的缩小，既节约了印制费用，又方便了流通使用。

第六，先进技术与画面设计相结合。50 年代，国际印钞业已经较多地使用了一些机雕、接线等新技术，在第三套人民币的设计中，由于美术专家和专业设计人员充分发挥了各自的长处，集体创作，除了主景工艺采用完全手雕之外，面值文字的衬底花纹或花符图案大部分采用机雕技术。例如，10 元券的面值衬底，使用的是手工装饰与机雕网状线相结合的方法，形成向日葵花盘的效果。同时在其他票券面值衬底图案设计中，还使用了接线技术，更好地提高了钞票的防伪性能。

目前，第三套人民币是我国发行以及流通时间最长的一套人民币。第三套人民币于 2000 年 7 月 1 日起停止在市场上流通。这套人民币的特点是：主题思想鲜明、设计风格新颖、主辅币品种齐全、券别结构合理、印刷工艺先进并具有较强地防伪性能。在我国货币发行史上写下了非常光辉的一页。从专业的收藏角度来分析，第三套人民币是目前最有前景和潜力的一套人民币。

◎为什么第三套人民币值得收藏

随着人民币的不断升值，人民币以及它的衍生品的收藏以及投资也显示出了强烈的升温信号。旧版人民币的收藏价值有多高？怎样进行人民币的收藏以及投资？北青财富课堂特别邀请北京印钞厂、北京钱币学会、王府井工美大厦等单位的资深专家，为大家讲述了第三套人民币的历史、收藏及衍生品投资等方面的知识。

共和国第一代造币人、收藏天下网分析师、北京钱币学会常务理事、北京印钞厂原政策研究室副主任、现年 77 岁高龄的张忠老先生结合自己工作 40 多年的经验介绍说，收藏人民币其实就是珍藏一段历史。第三套

人民币在市场上共流通了 38 年，于 1962 年 4 月开始正式发行，一直到 2000 年 7 月才渐渐地从老百姓的生活中退出，在现有的五套人民币中，流通时间是最长的。第三套人民币也是我国首次完全独立设计、印制的一套纸币，同时也记载了一段特殊而又宝贵的历史。

据张老先生说，第三套人民币有四种主币，即：壹元、贰元、伍元、拾元，以及 3 种辅币，即：壹角、贰角、伍角，总共有 7 种面额，全套合计 18.80 元。但版别却有 9 种，其中壹角券的版别有 3 种，包括了存世稀少、流通使用时间不长、并且被人们称为"币王"的墨绿色壹角券和枣红色壹角券这 2 种纸币珍品。

为什么墨绿色壹角券和枣红色壹角券会成为第三套人民币中的"币王"呢？张老先生说，那是因为枣红色壹角券的技术含量较高，而且发行量又比较少，还是我国第一次干纸印刷双面凹，永不褪色的油墨颜料也是由工人们自己研制出来的。由于枣红色壹角券的成本太高，后来为减少成本，就改成了背面墨绿色的单面凹壹角券。再到后来，为了避免与绿贰角券混淆，最终定为了被大家所熟知的红壹角券。所以说富有技术含量和历史意义的枣红色、墨绿色壹角券，流通使用时间不是太长且存世稀少，自然而然地成了稀有珍品。

◎人民币收藏要注意的问题

据北京市钱币学会副秘书长李志东介绍，从收藏的角度来看，纸币收藏入门快、门槛低、占用资金较少、轻巧便于保管而且很少有赝品。所以很适合收藏。第三套人民币具有市场货源有限、每年礼品消耗大、价格相对便宜等特点，而且其价格仍然具有较大地上升空间，是目前最具有潜力和投资前景的一套人民币。目前第三套人民币小全册的市价为 270 元，含"币王"的大全册市价高达 8000 元，而且仍然具有较大地升值空间。

据介绍，第三套人民币在 2000 年退出流通领域的时候，全套价格就被炒到了七八百元。随后价格一路飙升，其中升值速度最快的纸币包括：两元古币水印券、两元五星水印券、一角背绿券、一角枣红券以及一角背绿水印券。其中最具有收藏价值的要属上世纪 60 年代的红一角，因为它是在极"左"盛行的年代所发行的一枚钱币。细心的人都会发现，图中的人群全部都是向右行进，这在当时"左右路线"之争甚嚣尘上的年代，犯

有趣的金融——货币知识一点通

了严重的"右倾"错误，此币流通不久之后，便只收不付，渐渐地退出市场流通，之后所发行的一角券人群都是向左前行，因此前者在今天也就成为收藏界的宠儿，集万千目光与一身。当前市价疯涨近 3 万倍，已是各路藏家奋力寻求的稀世珍品。

被人们称为第三套人民币中"币王"的"背绿一角券"，现在的市场价约为人民币 1 万元，是它面值的 10 万倍。其设计于 1962 年，正面图案是"生产劳动与教育相结合"，背面为墨绿色菊花图案，看上去就像是一只展翅的蝴蝶，所以也有人称之为"蝴蝶券"。其纸质单薄、着色较差，而且背面图案色泽与 1962 年贰角券背面颜色很容易混淆，仅发行了一年，人民银行就决定将其收回。因此背绿一角券也就成为了第三套人民币中发行时间最短、发行量最少、存世量最少的纸币。由于印钞纸的不同，背绿壹角又分为无水印和五角星水印两种版别，而且带五角星水印的发行量更为有限，所以也就成了壹角纸币中最珍贵的纸币。

第一套人民币纸币大全套的市场参考价格为百万元，第二套人民币纸币大全套的市场参考价格也有十几万元，第三套人民币纸币市场价格虽然短线涨幅比较大，但也只有 2 万元左右，价格与前两套人民币相比，相对来说比较便宜。但是其市场货源有限，后市仍然具有较大地升值空间。从收藏角度来说，第三套人民币纸币是目前最有前景和升值潜力的一套人民币。

根据业内人士的介绍：从收藏的角度来看，目前在已经发行的 5 套人民币中，前三套人民币都已经相续退出流通领域。由于第一套人民币年代久远，所以存世量稀少，目前的市场价也就比较昂贵，不易收藏；而第二套人民币由于开发比较早，很多收藏家早就已经开始有意识地收藏，一般收藏者也就很难找到好的藏品；所以对于初涉人民币收藏者来说，收藏第三套人民币可以说是最好的选择。这套人民币具有主题思想鲜明、设计风格新颖、券别结构合理、主辅币品种齐全、印刷工艺先进并且具有较强地防伪性能等特点，被业内人士看作是目前最有投资前景和升值潜力的一套人民币。

◎第三套人民币纸币的识别

第三套人民币纸币是暗记自行设计的一套纸币，采用国产纸印刷。第三套人民币纸币从发行开始，就经历了新中国最为困难的两个时期，即文革时期和改革开放时期。在已经退出流通的三套纸币中，是大家最为熟悉的一套纸币，也是收藏市场中最受欢迎的纸币。经常会有一些单位部门把第三套人民币纸币的小全套作为主发行纪念册，甚至还有一些单位一次就购进几百套小全套用来送礼。第三套人民币纸币共有7种不同的面值，在长时间的发行以及流通中共产生了24种版别，如果细分就会有更多不同的版别。

60年枣红1角为正背面双凹印刷，触摸银行名、正背的花纹等有强烈的凸凹感。它的设计以及规格承接了第二套纸币的风格，在第三套纸币中，属于比较特别的票券。

62年背绿1角有水印版为正面单凹印刷，触摸银行名，花纹等有比较强烈的凸凹感。背绿1角有两种版别，一种是在经理章的左上角的草丛中，有两条草叶中间里有"人"字暗记，另一种则是在相同位置无"人"字暗记。两种版别相同的暗记有：票面正大门右侧第六与第七根栏杆之间的上端有字母"A"，"A"的左上方有个字母"J"，"A"下有一个"十"字。

背绿水印印刷得很少，只有几种不分顺序的编号；背绿水印的暗记没有"人"字，其他的暗记与普通背绿都差别不大，但是暗记"A"下面的暗记"十"字，在这个位置的暗记根据编号的不同也会有不同的变化。背绿水印通常会票边有几个半个星水印，或有一个以上星水印，也会有半个星水印（或以上）以及一个星水印（或以上）的出现等。

62年棕色1角有六个不同版本，分别是：正背胶印的蓝色数字2罗码以及蓝色数字3罗码；正背胶印的红色数字2罗码以及红色数字3罗码；正面凹印的红色数字2罗码；正面凹印的红色数字3罗码（有水印）。它们的暗记基本上相同，正大门右侧第六与第七根栏杆之间的上端有字母"A"，"A"下有一个"。"。

62年2角正背胶印版有两个版本，数字2罗码以及数字3罗码，暗记为正面大桥左桥头坡地上，有数字"2"。细心的人们会发现汉字"角"的尾巴没有穿出来，这只是当时常用以及惯用的写法，在第二套，第三套纸币中的所有角券都是这样的写法。

62年2角正面凹印是早期印刷发行的，无数字"2"暗记，触摸纸币的正面有很强的凸凹感，颜色与胶印版相比比较深。

72年5角有三个版本，正背胶印无水印以及正背胶印有水印版的，票面右边齿轮左下边有字体较粗的数字"5"暗记；正面凹印有水印版，票面颜色与胶印版相比比较深；触摸纸币正面有较强的凸凹感，暗记为字

体较细的数字"5"。

60年1元2罗码以及3罗码实心星水印，暗记为纸币背面右边的山坡上有字母"I"的字样。

60年1元古币水印版为空心星及古币水印，属于早期印刷发行，暗记为纸币背面右边的山坡上有字母"I"的字样。触摸纸币正面的花纹有极强的凸凹感。

60年2元实心星水印，纸币背面草丛的第一行的根部分别有字母"R""Z"字样。到了90年代后期，有报道指出一名小学生发现，2元纸币正面的汉字"2"在新华字典中是查不到的，只能查到汉字"贰"，而纸币正面的汉字"贰"的二横在上面，而不是在下面，认为这是错版币。实际上有收藏纸币常识的人都会知道，这在当时只是常用及惯用的写法，在2角，2分中这种写法也是一样的，而且在已经退出流通的前三套纸币中这种情况都是存在的。

60年2元古币水印版为空心星及古币水印，属于早期印刷发行，纸币背面草丛的第一行的根部分别有字母"R"、"Z"字样，纸币背面汽车的车轮内的线纹与实心星水印版本汽车的车轮内的线纹有所不同。触摸纸币正面的花纹有极强的凸凹感。

60年5元2罗码以及3罗码，3罗码的颜色有深浅之分。实心星水印，纸币背面机械有"天"字暗记，经理章右边有字母"H""J"。

65年10元2罗码以及3罗码天安门放光芒水印，纸币背面天安门左边有"人"字暗记，左边城墙边有字母"H"的字样，天安门右侧灯柱的右边有"工"字样，右上还有字母"Z"字样，而且还有荧光版。

◎纸币的保存

纸币的保存总体来说可以总结为四防，也就是：防霉、防蛀、防折、防褪。

1.防霉。防止霉变首先在于防潮。这对于南方以及沿海地区就显得更为重要。而防潮的关键则是湿度和温度。纸币保存的最佳室内温度为18℃～20℃，相对湿度为50％～60％。所以在处理藏品时，尽量不要在夏日的高温以及潮湿的环境中进行。旧纸币与新纸币相比，更容易发霉。处理发霉的纸币时，可以选用质地柔软的布或纸轻轻擦拭；如果霉变程度

比较严重，可以将其浸泡在加少量盐的鲜牛奶中，浸泡1小时之后捞出，再用清水漂清，再将水分吸干，在略微湿的时候就将纸币放平夹在空白本子中，然后压上重物使之平整。

2. 防蛀。防止虫蛀关键在于保持纸币的干燥与通风。如果是长期保存的纸币，应当每年定期查阅。不要与书籍、报纸以及杂物堆放在一起。纸币还要防鼠咬。对于虫蛀的纸币要进行裱修。

3. 防折。全新品相的纸币要防止手摸以及手捻。因为手上有油、汗，容易污染币面。观看品相时，要使用镊子。对于轻度软折的纸币，要将其平整地放在书中，然后压上重物，几天后就会变平整；而对于已经有明显硬折的纸币，其票面一般也就比较脏，可清洗晾干。

4. 防褪色。防止纸币褪色的关键在于避免在阳光下曝晒。纸币如果长时间保存，就会有不同程度的褪色，这与纸质以及油墨的优劣有着直接的关系。纸币忌用酸性、碱性溶液清洗，有的收藏者用高锰酸钾稀释液清洗有折污的纸币，当时确实能使纸币变得干净，但经过一段时间以后，纸币就会变色、褪色，所以要引起注意。一般情况下，不要将纸币放在玻璃纸袋中保存，这样纸币很容易褪色。纸币一旦褪色，常常是无法弥补的。

▶知识窗

　　第三套人民币是第一套由中国独立设计印制的流通纸币，第一、二套人民币是在苏联的帮助下印刷的纸币。面对外国制币技术的垄断，周总理带领着一批独立的科研人员自行研发，于1962年4月20日，第三套人民币开始发行，共包括：10元券两种版别、5元券两种版别、2元券两种版别、1元券三种版别、5角券三种版别、2角券三种版别、1角券9种版别、共7种面值24种版别，算上第二套1分、2分、5分纸币共计27种纸币。由于这套人民币经历了文化大革命，经历了上山下乡运动，也经历了土地改革，所以这套人民币凝聚了人们对那个年代特有的情怀以及美好回忆，也凝聚了建国初期国民纯朴的社会风气以及人们努力开拓，艰苦奋斗，建设美好家园的精神风貌。承载着人们一个个从无到有的酸甜苦辣的创业故事。正因为它承载着太多的历史故事，所以收藏的人也越来越多，成为了人们奋力追寻的珍品。

┃拓展思考┃

1. 第三套人民币都有哪些面额？

2. 第三套人民币使用了什么字体？

货币的家族

HUOBIDEJIAZU

第四章

货币种类多种多样，其中发达国家的货币更是不断演变，美元、日元、欧元等更有着不同的故事，请看本章节。

什么是美元

Shen Me Shi Mei Yuan

美元是美国的官方货币。当下正流通的美元纸币是 1929 年以来发行的各版钞票。美国铸币法案在 1792 年通过之后就出现了。同时它也作为储备货币在其他国家广泛地使用起来。当前美元的发行则是由美国联邦储备系统操控的。1913 年，美国建立联邦就建立储备制度，并且发行联邦储备券。现行流通的钞票中 99％以上都是联邦储

※ 美元

备券。美元的发行主管部门是国会，具体发行业务由联邦储备银行来负责办理的。美元是外汇交换中的基础货币，同时也是国际支付和外汇交易中最主要的货币，并且在国际货币中占有非常重要的位置。

◎基本信息

发行联邦储备银行（USFederalReserveBank）

代码：USD。

美元单位：（dollar，$），美分（cent，¢）进位：$1＝100¢。

纸币：$1、$2、$5、$10、$20、$50、$100。

硬币：1¢、5¢、10¢、25¢、50¢、$1。

◎含金量

1792 年，美元采用了金银复本位制，并且按照当年颁布的铸币法案，1 美元折合为 37125 格令（24057 克）纯银或者是 2475 格令（16038 克）纯金。一直到 1873 年，1 美元的价值为 24057 克白银，大

约等于 1 枚西班牙银圆。因为美国政府很少铸造 1 美元的硬币，所以在南北战争之前，西班牙银圆一直是美国主要流通的一种货币，美国各官、私银行大多是以西班牙银圆来做储备，而美国人大多数都用钞票来换西班牙的银圆。

自从美国第一任财政部长上任之后，美国货币就采用了"金本位制"，一直到 1914 年第一次世界大战爆发，因为各国停止了黄金的进出口，金本位体开始解散。在金本位制度时期之后，美元的含金量为 150466 克。1934 年 1 月 31 日，1 美元的含金量就被定为 13714 格令（合 0.888671 克）。1934 年美元开始贬值，美国政府将 1922 年之前版的各种券类钞票开始进行全部回收。贬值后的美元不能进行兑现，仅外国中央银行可以按照官价向美国兑换黄金。

1946 年 12 月 18 日，国际货币基金组织就正式公布美元含金量为 0.88867 克。从此之后，因为美国国际收支持续开始逆差，导致了通货膨胀的严重现象，自此造成了美国经济危机。1971 年 8 月 15 日，美国总统尼克松宣布美元贬值，并且全部停止美元兑换成黄金，布雷顿森林体系瞬间开始崩溃，为了能够克服国际金融市场混乱这一状况，主要资本主义国家一再进行磋商，最终于 1971 年 12 月达成"史密森学会协议"。其主要内容有：美元对黄金贬值 789%，黄金官价从每盎司 35 美元提高到 38 美元；汇兑平价的幅度由 1% 扩大到 25%，美元含金量贬为 0.818513 克，但是，这些措施并没有能阻止美国国际收支逆差和美元危机的恶化。1973 年 2 月 12 日，美元再次贬值 10%，含金量减为 0.73662 克。并且对特别提款权比价贬至 120635 美元等于 1 "特别提款权"。欧洲国家以及其他主要资本主义国家纷纷退出固定汇率制度，固定汇率制彻底瓦解，美元汇价走向变得非常浮动。从此之后美元就不在有法定含金量的规定。

◎历史地位

1792 年，美元在 13 个殖民地形成了货币区，并且美国在当时只是一个拥有 400 万人的国家。直到 19 世纪末，美国已经变成了世界上最强大的国家。到 1914 年第一次世界大战爆发时，美国的经济总量大于英国、德国、法国，即是它们的综合总和，这就使美元的地位开始日益突出。一战期间，欧洲国家的黄金流入美国并且进行购买战争的用品。美国联邦储备银行将这些黄金来作为法定货币并且导致了通货膨胀。从1914年到1920年美国的价格水平就翻了近一倍。之后美国联邦储备银行就决定有效地治理通货膨胀现象，并且想要试图使价格恢复到原来的水平。接下来就进入了一段通货紧缩的时期，价格水平在1920年一年之内就从200降到140，下降了30%。美国的这个历史时刻成为美国最大的通货紧缩。虽然金本位体系的35年是自由资本主义繁荣昌盛的"黄

※ 美元

金时代"，固定汇率制拥有了保障国际贸易和信贷安全，并且方便生产成本核算，也避免了国际投资风险的一大优点。在一定程度上，它推动了国际贸易和国际投资的迅速发展。然而，严格的固定汇率制使各国都很难根据本国经济发展的需要来执行有利的货币政策，这样就会使经济增长受到制约。在二战时期，国际货币体系更是乱成一团。为了能够解决这种混乱的状况，1943年，美国财政部官员怀特和英国财政部顾问凯恩斯分别从本国的利益出发，设计战后国际货币金融体系，以此来提出了两个不同的计划，就是"怀特计划"和"凯恩斯计划"。

"怀特计划"主张取消外汇管制和各国对国际资金转移的一些限制，并且想要设立一个国际非常稳定的基金组织发行一种国际货币，然后使各国货币与之能够保持固定的比价，也就是说基金货币与美元和黄金进行挂钩。会员国货币都要与"尤尼它"保持固定的比价，不经"基金"会员国3/4的投票权通过，会员国货币就不能够进行贬值。而"凯恩斯计划"则从当时英国黄金储备缺乏出发，主张建立一个拥有世界性的中央银行，将各国的债权、债务通过它的存款账户来转账并且有利于进行清算。

第二次世界大战末期，意大利已经开始投降，德国在东线转为战略的防御，日本也已经失去了在太平洋地区进行大规模战役的足够能力，它们

的国内经济更是接近几乎崩溃的现象；而英国和法国的经济实力在战争中也遭到了严重的破坏；苏联的状况也和英法不相上下，第三个五年计划还没有完成就遭到了法西斯纳粹德国的侵略；只有美国在战争中发了独财，并且经济得到了空前的发展。黄金就源源不断的流入了美国，1945年美国民生产总值占全部资本主义国民生产总值的60％，美国的黄金储备从1938年的1451亿美元增加到1945年的2008亿美元，估计占世界黄金储备的59％，相当于整个资本主义世界黄金储备的3/4，这就使美国登上了资本主义世界霸主的地位。在这种严峻的形势之下，二战之后就形成了以美元为中心的国际货币体系。

1944年7月，在第二次世界大战将要胜利的时候，二战中的44个同盟国在英国和美国的组织之下，在美国新罕布什尔州（NewHampshire）的布雷顿森林村（BrettonWoods）一家旅馆中召开了以730人参加的"联合和联盟国家国际货币金融会议"，通过了以美国财长助理怀特提出的怀特计划为基础的《国际货币基金协定》和《国际复兴开发银行协定》，总称布雷顿森林协定，从此之后就形成了布雷顿森林的体系。

◎版本

在美国《独立宣言》发表之前，美国就已经开始使用纸钞了。美国的货币史最早可以追溯到1690年，马萨诸塞殖民地发行了第一张货币以弥补军事远征的费用，这种做法很快就流传到了其他的殖民地带，但是因为手工雕刻铜版容易进行磨损、需要不断地修版，所以无法保持成品的一致性，结果就使不法之徒有了可乘之路，最终伪钞四处泛滥，于是这些票证很快就被废弃了。

1764年，英国当局在对北美殖民地货币多年来的限制之后，终于下达了一项对殖民地发行货币的严禁指令。后来，由于对英国的独立战争，北美殖民地资金消耗非常大，大量的金银被英国作为税收进行征收，这也就导致美国国内资金开始缺乏。13个殖民地的联合政权大陆会议（美国大陆国会）为了筹集资金，1775年5月10日在马萨诸塞州举行了会谈并且于6月22日批准发行了总价值为200万美元的一种可以进行兑换西班牙银元的纸币，被称为大陆币。但是由于刚出不久就出现了伪钞，所以导致它的价值实用非常的小，以致在俗话中将不值钱的东西称为"还不如一

个大陆币"。该券也在 1781 年被银行券（即为由银行发行的，可在该银行范围内自由兑换金属货币的纸钞）所取代。

1781 年 12 月 31 日，费城的北美银行成为首家国家银行并且获得了发钞的特许权。1785 年 7 月 6 日，国会开始正式通过将美元（Dollar）作为法定的货币单位。1791 年国会又特许"美国银行"20 年期间作为美国财政部国库的代理人。此乃第一个为政府履行中央银行功能的银行，一直运作至 1811 年国会拒绝继续订此银行的特许状为止。了解到必须有中央银行系统迎合国家财务的需要，国会于 1816 年就特许第二家"美国银行"再拥有 20 年期的代理权。1877 年，财政部制版印刷局开始印刷所有的美国货币。

1861 年，为了能够筹措南北战争的费用，国会立法授权财政部就直接发 45 亿元无铸币和黄金的担保，并且不兑现的"即期票据"。出于防止伪造的目的，它使用难于照相复制的绿色油墨（卤化银感光剂对绿光最不敏感），因为在技术上的原因，在钞票背面使用了比正面较深的绿色，由此被称为"绿背票"。严格地来讲，这是第一种普及流通的美国货币，它被称为联邦券，也就是政府券。它的库号和连号都为红色。每一张"即期票据"皆由财政部登记官的代理人以及联邦财政总长亲手签名。这种非常不实际的措施，激发了准许登记官以及财政部长将签名制版印刷于货币上的新法规。这种措施在 1862 年发行的一系列政府券开始正式实行。根据 1861 年美国立法的规定，财政部又发行了国库券，并且只有两种版——1890 年和 1891 年的版，用此票在当时就可以购买白银和黄金。

从 1862 年到 1864 年时期国民银行法准许各州指定的银行发行以美国公债为准备金的纸币，并且称为国家的银行券库印和连号都为棕色，也称为国家券或者是国家流通券。这些纸币样式也非常多，大约有 1600 家州立的和私人的银行发行货币，7000 多种面貌不一样的法定货币。所有特许发行纸币的私人银行和州立银行在 1863 年都被要求参加国家银行系统或者是缴纳 10% 的钞票发行税。1908 年又补充开始法案，准许国民银行以美国公债之外的债券为准备金发行纸币。到后来国家券形成就由联邦储备银行和国民银行的两种主要版本：国民银行发行的版本连号为 6 位数字；在钞票的正面左侧印有联邦储备银行的名称，左右方印有 4 个斜对着的黑色地区来代表字母，这是联邦储备银行所发行的。发行比较早的国家

券有 4 个负责人的签字，两上角为财政部长和国库长签字，两下角是出纳长和总裁的签字。这种券在 1935 年 7 月 1 日起进行回收并且不允许再发行。1928 年以后又发行了一种 1929 年的版本，这是美国财政部在第二次世界大战时期为了筹措所需的军费，在 1942 年 12 月以国家券的形式发行的 66 亿美元钞票。

为了能兑取黄金，美国政府在 1870 年开始发行金币券。它的库印、连号均为黄色，称为金元券。这种券票上面印有"持有人可凭此兑取金币"的字样。它是由美国财政部发行以百分之百黄金作准备的货币。从南北战争结束到 1933 年之后，金币券可以自由地进行兑换金币，并且作为美国货币供应的一部分在市面上进行流通。1931 年随着金本位制的崩溃，1933 年金币券也就停止了兑换黄金。

为了防止白银私运出国，美国于 1878 年开始发行银币券。库印、连号也都为蓝色，亦称为银元券。并且是根据 1878 年和 1886 年通过法律来发行的，它可以兑换等值的银币，之后由于银价上涨，从 1968 年 6 月 24 日起，银元券就不能再兑换成白银了。另外，还有一种黄色库印蓝色连号的银币券，这是第二次世界大战时美国军队在北非使用的一种军用票。黄印是区别于蓝印，以备当落入敌人手中的时候可以作废。大战结束之后，许多黄印票子就开始广泛地流通，已经和其他券类一样开始进行使用。

朝鲜战争时，美国在韩国发行了一种军用的票，票上面印有"军人战争区偿付凭证"的字样，限定在战区期间进行使用并且不作为一般的货币进行流通。这种票于 1954 年 5 月 25 日宣布作废。除此之外，还有夏威夷的券，这不是一个独立的券类，而是在已经有的券种（联邦储备券和银币券）钞票上加印黑色"HAWAll"的字样，背面则是以较大字体的空心"HAWAll"横印在钞票中间。库印和连号是也都为棕色。原本是供夏威夷群岛使用的，之后就开始用作流通使用。

上文所述的 1861 年至 1928 年发行的各种钞票，票幅比较大，并且尺寸不分券类和面额均为 178 毫米×73 毫米，美国财政部命令在 1922 年开始进行回收，但是美国仍然定为法定的货币，可以向美国的银行进行兑换。1913 年 12 月 23 日，美国国会通过了《联邦储备法》，建立了联邦储备的制度。按照"法案"的规定，开始进行全国划分，划分了 12 个联邦储备区，每一个区在一个指定的中心城市（联邦储备市）设立一个联邦储备的银行，全国有 12 家联邦储备的银行，都可以行使中央银行的职能，

这样在美国一共有12家联邦储备银行在行使中央银行的职能。在首都华盛顿设立了联邦储备委员会，以此来作为最高领导机构。联邦储备银行于1914年11月16日开始发行了作为法定货币的联邦储备银行券，以此来换回国民银行券，1945年6月12日开始，这种券就收回并且不再进行发行。同时还发行了一种联邦储备券，来作为日常需要的一种通用货币。按照规定联邦储备券应该有足额的担保，其担保物就是黄金或者是政府债券，高级或者是短期商业的证券。它的连号和库印都为绿色。目前我们所能够接触到的99%都为联邦储备证券，其他的还有少量的政府券和银币券。

◎美元纸币

美元不容易掉色，麻纤维结实比较坚韧，使纸张挺括，经久流通并且不起毛，对水、油以及一些化学物质也有一定的抗腐蚀能力。如果美元纸张中没有添加增白剂的话，那么就会呈现出白色，在紫光灯之下不反光。自1880年起，美钞纸张内部就夹有红蓝纤维丝，这种纤维丝是在造纸的时候掺入纸浆中的。所以，纤维丝有的夹在纸中，也有悬浮在表面，用针尖可以把纤维丝挑出来。1928年之前，红兰纤维丝分布在钞票的正中间，由上至下狭长的一条。1928年之后的各种版本，纤维丝就漫布全版。从1990年起，美元纸张中（人像左侧）加入了一条被称为"迈拉"的聚酯类高分子物质所制成的安全线，安全线上有美元符号以及面额数字的标志，迎光透视可以清晰地看见。美元正面油墨则为黑色稍微深，略带灰色，背面为绿色。1934年以后的各种版，油墨中都添加了磁物质，具有磁性真美钞采用荧光油墨和磁性油墨等专用的油墨所特制，所以美钞正面右侧的绿色徽记和绿色号码，当在白纸上用力擦拭之后，纸上面就会留下"绿痕"。1996年以后发行的部分美元，会随着光线的角度不同呈现不同的色彩（一时黑一时绿）。美元的主要图案是雕刻凹版印刷，库印以及连号等为凸印。1990年版以后，肖像窗周围就加有缩微文字。

◎库印

在美钞的下面印有国库的印记，联邦准备券的库印在右边。早期库印

为圆形，外围有 40 个齿，每个齿粗细大小都不均匀，圆内一圈印有拉丁文字 "THESAURAMERSEPTENTSIGIL"，圆的中心则是一个盾牌，盾牌被一个倒 "V" 字分为上下两个部分，上半部为一个天平，在它们的周围分布有 32 个圆点，倒 "V" 字之内有 13 颗五角星，下半部分是一把钥匙，钥匙孔为一个 "T" 字形状，周围环绕有 17 个圆点，整个盾牌内有 49 个圆点。自 1969 年版起，库印就进一步简化，文字被改为英文 "THEDEPARTMENTOFTHETREASURY，1789"，盾牌外围的花纹也逐渐地被取消，上半部分是 22 个圆点，下半部是 17 个圆点，共 39 个圆点。1928 年和 1934 年版都是大库印，直径为 20 毫米，1935 年版以及之后的各种版一律都改为小库印，直径为 16 毫米，图案和文字则保持不变。库印的颜色有绿、蓝、黄、红、棕五种颜色，按照券类的不同而定。库印的上方则都是以首都的地名 "WASHINGTON，D. C."。

◎美元的硬币

美国流通的硬币共有 1 美分、5 美分、10 美分、25 美分、半美元、1 美元 6 种面额，在美国历史上曾经有 6 位著名总统的头像分别出现在这 6 种面额的硬币上面。1 美分的图案则是美国历史上广为人知的林肯总统侧面的头像，是林肯诞辰 100 周年（1909 年）的时候开始发行的；5 美分图案是为了纪念美国的第三任总统，也就是美国《独立宣言》起草人杰斐逊离任回归故居 130 周年（1938 年）发行的；10 美分图案是实施"罗斯福新政"的罗斯福总统逝世一周年（1946 年）的时候所发行的；25 美分图案是美国一种最常见的辅币，是美国开国总统华盛顿诞辰 200 周年的时候（1932 年）发行的，值得一提的是，它是统一的总统像，而背面除了美国联邦政府发行的 25 美分是一只鹰之外，各州政府发行的硬币上面则刻着本洲最具有特色的事物，例如，纽约洲硬币背后则是自由女神像；半美元硬币原本为美国自由女神的图像，但是目前所常见的是美国历史上最年轻的总统肯尼迪的头像。在 1963 年，肯尼迪不幸遇刺身亡，为了纪念他，美国在 1964 年的时候就改用肯尼迪头像作为半美元的图案；1 美元的硬币有两种图案，一种是 1961 年所发行的采用艾森豪威尔总统头像的图案，由于这种硬币外径太大（直径 381 毫米，俗称大美金 1 元），所以在流通使用起来非常不方便。因此，在 1981 年起就重新发行了小美金 1 元（直

径为 265 毫米，比半美元还小些），图案也换成了美国女权运动活动家苏珊·安东尼的头像。1999 年 11 月 18 日在费城造币厂首发了金黄色的美元 1 元硬币（昵称金色元 goldendollar）图像为印第安妇女"萨卡加韦(Sacagawea)"背负褓襁中的幼子"巴蒂斯特(JeanBaptiste)"，这枚硬币的发行是为了表彰美国原著民妇女以及她们对美国的伟大贡献。

◎暗记

在美元硬币上面没有那么显著的地方有一些用来表明其身份的暗记。在正面人的下方，会有一个大写的字母来表示它是由哪个铸币厂所制造的。其含义如下：

P 弗拉德尔菲亚铸币厂（也就是费城造币厂）（PHILADELPHIA-MINT）；

D 丹弗造铸厂（DENVERMINT）；

S 旧金山铸币厂（SANFRANCISCOMINT）；

W 西点造铸厂（WESTPOINTMINT）；

通常所说的 P 版、D 版美元等，即不同的铸币厂版本也会有差异，它们可能会在细节上有变化。

◎美元纸币样式

美元纸币的正面主要景物图案为人物的头像，主色调则是黑色的。背面主景图案为建筑，主色调则为绿色，但是不同的版本颜色也会少有差异，就像 1934 年版背面为深绿色，1950 年版背面为草绿色，1963 年版背面均为墨绿色。

1 美元券：正面则是首任美国总统乔治·华盛顿的肖像，背景主要为美国的国玺。

2 美元券：正面是第三届美国总统托马斯·杰斐逊的肖像，是斯图亚特的原作。背面则是杰弗逊故居（1976 年以前版）在独立宣言上签字会的场景（1976 年以后版）。

5 美元券：正面是废除美国奴隶制的第十六届总统亚伯拉罕·林肯的肖像，背面是位于华盛顿的林肯纪念堂。

10 美元券：正面是美国第一任财政部长亚历山大·汉密尔顿的肖像，

背面是美国财政部大楼。

20 美元券：正面是第七届美国总统安德鲁·杰克逊的肖像，背面是白宫——美国总统府。

50 美元券：正面是第十八届总统尤利斯·格兰特的肖像，背面是美国国会大厦。

100 美元券：正面是著名科学家、政治家、金融家本杰明·富兰克林的肖像，因为他曾在美国独立战争时期起草著名的《独立宣言》，背面是费城独立纪念堂。

500 美元券：正面是有"繁荣总统"的美名，美国第二十五任总统威廉·麦金莱的肖像，背面是面额小写"500"字饰，字体大小不一。

1000 美元：正面是第二十二和第二十四任美国总统，唯一分开任两届的总统，内战后第一个当选总统的民主党人克利夫兰的肖像，背面是美国国名及大写"OneThousand"字饰。

5000 美元：正面是"美国宪法之父"、第四任总统麦迪逊的肖像，背面是面额小写"5000"字饰。

10000 美元：正面是美国财政部长萨蒙 . P. 蔡斯的肖像，背面是面额小写"10000"字饰。

100000 美元金元券是美国财政部印刷局印制的最高面额钞票，投入流通总量为 42000 张，仅在联邦储备银行内部只用于官方转账。正面是美国总统"学术地位最高"的、被认为是美国历史之最杰出的六位总统之一的伍德罗 . 威尔逊的肖像，背面是半块金币等纹饰。

◎影响美元的基本面因素

第一，美国联邦储备银行，简称为美联储，美国中央银行，是能独立制定货币政策。Fed 主要政策指标包括：公开市场的运作过程、贴现率、联邦资金利率。

第二，联邦公开市场的委员会，FOMC 主要负责的任务是制定货币的政策，包括每年所制订八次的关键利率调整公告。FOMC 一共有 12 名成员，分别由 7 名政府的官员，纽约联邦储备银行总裁，以及另外从其他 11 个地方联邦储备银行总裁中所选出来的任期为一年的 4 名成员。

第三，利率，也就是 FedFundsRate，联邦资金的利率，是一种非常重要的利率指标，也就是储蓄机构之间相互贷款的隔夜贷款利率。当 Fed 想要向市场表达明确的货币政策信号的时候，就会宣布新的利率水平。当然每次这样的宣布都会引起股票、债券和货币在市场都有很大的动荡。

第四，贴现率，是商业银行因储备金等紧急情况向 Fed 申请贷款，Fed 收取的利率。尽管这是个象征性的利率指标，但是其变化也会表达强烈的政策信号。贴现率一般都小于联邦资金利率。

第五，30 年期的国库券，也就是做长期债券，是市场上为了衡量通货膨胀情况的最为重要的一种指标。市场一般都是用债券的收益率而并不是用价格来衡量债券的等级。并且和所有的债权相同，30 年期的国库券和价格呈负相关。长期债券和美元汇率之间并没有非常明确的关系，但是，一般会有如下的联系：因为考虑到通货膨胀的原因所导致的债券价格开始下跌，即收益率上升的时候，就有可能会导致美元受到挤压。这些考虑可能由于一些经济数据所引起的。

▶ 知识链接

在美国所发行的各种美元币种类之中，联邦储备券系列包括 500、1000、5000、10000 美元面值，金币券包括 1000、10000 和 100000 美元面值。其他的币种并没有面额超过 100 美元这样非常大额的纸币。1933 年 3 月 9 日，美国总统罗斯福签署总统令，并且终止了金币券的流通，将其不论面额全部收回。至 1940 年，金币券回收完毕。1946 年之后美国就不再发行新的大面额纸币，至 1969 年，所有面额在 100 美元以上的大面额纸币全部退出流通。

有趣的金融——货币知识一点通

| 拓展思考 |

1. 50 美元券上面的肖像是谁？

2. 银币券是什么时候发行的？

3. 100 美元以上的纸币是什么时候停止流通的？

你认识日元吗

Ni Ren Shi Ri Yuan Ma

日元是日本的官方货币，于 1871 年制定。其纸币称为日本银行券，有 1000、2000、5000、10000 日元四种面额，铸币有 1、5、10、50、100、500 日元等。现在使用的日本货币单位"日元"是在 1871 年 6 月 27 日（明治 4 年 5 月 10 日）制定的。当年明治政府将 1 日元的币值订定为与纯金 1500 毫克等值，并设有次一级的币值单位钱，相当于 0.01 日元。

日本是二战后经济发展最快的国家之一，目前拥有世界最大的进出口贸易顺差及第二大的外汇储备，日元也是战后升值最快的货币之一，因此日元在外汇交易中的地位变得越来越重要。

◎面值及图案

面值为 1000 日元的正面为日本医学家野口英世（2004 年 11 月以前为夏目漱石），背面为富士山和日本国花——樱花。

※ 日元

面值为 5000 日元的正面为日本女小说家樋口一叶（2004 年 11 月以前为新渡户稻造），背面为日本艺术家尾形光琳的装饰画《蝴蝶花》。

面值为 10000 日元的正面为日本作家、教育家福泽谕吉，背面为平等院凤凰堂内房顶上的凤凰雕塑。

面值为 2000 日元的正面为位于那霸市首里城的守礼门，门上刻有"守礼之邦"，背面为《源氏物语绘卷》第 38 回"铃虫"中的两幅插图，其中一幅插图是光源氏和冷泉院会面的场面，另一幅是文字部分，两幅插图重叠在一起；右下方选用了 13 世纪镰仓时代前期绘制的《紫式部日记绘卷》中的紫式部形象。

◎货币特征

日本自 1886 年起采用金本位制，并发行可以兑换金币的日本银行券。第一次世界大战期间，日本废除了金本位制，1964 年日元成为国际流通货币，布林顿森林体系瓦解后，日元在 1971 年实施浮动汇率，

此后日元日趋坚挺，与美元的弱势形成强烈地对比，并成为国际货币。

日本是一个自然资源贫乏、国土狭小的国家，经济发展必须来自对外贸易，日本的进口额很高，但出口额更高，每年都有巨额的外贸顺差，是世界第三大进口国及出口国。日本经济近年来一直保持很高的增长速度，1951～1973 年国民生产总值平均增加率高达 101％，在众多西方国家中屈居一指，

1968 年，日本国民生产总值已达到 1428 亿美元，仅次于美国，居世界第二位。1985 年日本取代美国成为世界最大的债权国，虽然 1985 年日元持续升值对国内经济造成不利影响，但经过产业调整，工业生产很快得到恢复，失业率降低，1991 年底至 1992 年初，日本金融丑闻传出，经济开始萧条，成长速度减缓，目前日本经济尚未全面复苏，2001 年 3 月日本银行再度恢复零利率，以期刺激经济为目标。

下面是影响汇率变化的因素：

1. 物价水准

物价水准低的国家，由于没有通货膨胀的压力，所以中央银行为了刺激经济景气，大可肆无忌惮地调降利率，相对汇率也就因而有进一步贬值

的空间；相反，如果一个国家物价水准不断地上升，央行为了控制物价，必会调高利率，如此一来，其汇率也会随之提高。至于一个国家的物价变化，一般是视消费者物价指数的变化而定。

2. 经济景气

一个国家如果经济稳定成长，该国央行不必为了刺激经济景气而调降利率，其汇率自然比经济景气较差的国家呈现相对强势。如果一个国家经济进入衰退期，贸易逆差扩大，利率诱因央行刺激经济景气而节节下降，其货币值恐怕也会随之逐渐地贬值。至于一个国家的经济是在逐渐复苏，抑或正慢慢衰退，如果失业率持续降低、外销订单、领先指针、工业生产均连袂回升，就显示经济正由衰退期迈入复苏期。

3. 央行货币政策

各国央行为了达到稳定物价、促进经济增长这两项政策目标，对于汇率波动趋势，以及其所能容忍的波动区间，均早有预见，如果汇率脱离了目标区，中央银行或公开喊话、或改变利率政策、或直接进场干预，总是千方百计地希望把汇率拉回到目标区，因此关于各国央行的汇率决策模式是非常重要的。

4. 贸易顺逆差

一个国家的贸易顺差如果持续扩大，那代表在当时的汇率下，该国的出口商出口竞争力很强，所以山口金额比进口金额大，贸易顺差才会持续增加，如此一来，该国的货币就会有升值的压力。

5. 利率动向

在目前国际性资金移动非常迅速的金融大环境下，套利的资金经常会从利率低的地区流向利率高的地区，尤其当一个国家利率逐渐走高时，其汇率更是居高不下，不过仍需考量其他国家相对利率变动之间的影响。

◎早期走势

1971 年，日本开始实施浮动汇率制，当年 12 月的汇率是 1 美元等于 308 日元，之后日元不断升值。

1995 年 4 月，日元创下战后最高纪录，1 美元等于 7975 日元（期货最高来到 1 日元等于 12625 美分），1995 年是国际社会颇多动荡的一年，突发事件频繁，日本为了关西大地震后的重建，赎回大量的海外资金；美日汽车贸易谈判破裂后，美国为了报复，对日元暴升采取袖手旁观的态度，随后墨西哥发生金融风暴，墨国为稳定汇率而大量抛售美元，同时美国出巨资援助墨西哥，使得美元下跌。日元飙升对日本经济摆脱金融危机极为不利，进而影响到全球经济的复苏，在这种情况下，美国与日本政府再度携手合作，同时与日本、德国和瑞士央行联手干预，将日元推进到 1 美元等于 104 日元。

1998 年是日本经济形势最艰难的一年，第一季经济增长率下降到 53％，第二季为 33％，银行坏账严重，同时期东南亚金融风暴对日本海外出口市场和投资市场冲击巨大，而日本政府对经济衰退束手无策，频繁出炉的经济政策毫无作用，民众的不满引发桥本内阁的下台；8 月底开始，日元大幅回升，原因在于美国经济成长放缓，美日贸易进一步扩大，导致日元在短短的 2 个月内反弹到 114.33（期货在 8 月底贬值到 1 日元等于 0.6807 美分）的价位。

综观日元，总会在经济大幅衰退时暴跌（贬值），且极易受到亚洲地区和世界其他地区金融动荡的影响，但日元的升值却往往与经济基本面关联性不高，通常日元升值的时候，日本经济并不理想，往往刚走出谷底，而且日元升值幅度大，通常一次连续攀升 10％以上，这与日本经济特性与国际汇市关系密切。另外，日本每次波动后经过一段时间，一般会回到 1 美元等于 120 日元（约 1 日元等于 0.83 美分）附近，主要因为日本、美国和欧洲其他主要国家的经济实力对比，从 80 年代后没有发生明显的变化，因此从中期来看，日元再波动一段期间之后，通常会回到长期的均衡价位。

◎历史

现在使用的日本货币单位日元，是在 1871 年 6 月 27 日（明治 4 年 5 月 10 日）制定的，以取代当时的二分金。当年明治政府将一日元的币值订定为与纯金 1500 毫克等值，并设有次一级的币值单位钱及厘，100 钱可换 1 日元，而 10 厘则可换 1 钱。二战末，日元与美国挂钩，汇率美元／日元为 1：360。

◎影响因素

影响日元的因素有以下几个方面：

1. 日本财政部

日本财政部是日本制订财政和货币政策的唯一部门。日本财政部对货币的影响要超过美国、英国或德国财政部。日本财政部的官员经常就经济状况发布一些言论，这些言论一般都会给日元造成影响，如当日元发生不符合基本面的升值或贬值时，财政部官员就会进行口头干预。

2. 日本央行

1998 年，日本政府通过一项新法律，允许央行可以不受政府影响而独立制订货币政策，而日元汇率仍然由财政部负责。

3. 利率

隔夜拆借利率是主要的短期银行间利率，由日本央行决定。日本央行也使用此利率来表达货币政策的变化，是影响日元汇率的主要因素之一。日本政府债券为了增强货币系统的流动性，日本央行每月都会购买 10 年或 20 年期的日本政府债券。10 年期日本政府债券的收益率被看作是长期利率的基准指标。例如，10 年期日本政府债券和 10 年期美国国库券的基差被看作推动美元对日元的汇率利率走向的因素之一。日本政府债券价格下跌（即收益率上升）通常会利好日元。

4. 经济和财政策署

经济和财政政策署于 2001 年 1 月 6 日正式替代原有的经济计划署（EconomicPlanningAgency，EPA）。职责是阐述经济计划和协调经济政策，包括就业、国际贸易和外汇汇率。

5. 国际贸易和工业部

国际贸易和工业部主要负责指导日本本国工业发展和维持日本企业的国际竞争力。但是其重要性比起 20 世纪 80 年代和 90 年代早期已经大大削弱，当时日美贸易量会左右汇市。

6. 经济数据

较为重要的经济数据包括：GDP、Tankansurvey（每季度的商业景气现状和预期调查）、国际贸易、失业率、工业生产和货币供应量。

7. 日经 255 指数

日经 255 指数是日本主要的股票市场指数。当日本汇率合理地降低时，会提升以出口为目的的企业股价，同时整个日经指数也会上涨。有时情况并非如此，股市强劲时会吸引国外投资者大量使用日元投资于日本股市，日元汇率也会因此得到上升。

8. 交叉汇率

例如，当欧元对日元的汇率上升时，也会引起美元对日元的汇率的上升，原因可能并非是由于美圆汇率上升，而是由于对于日本和欧洲不同的经济预期所引起。

▶ 知识拓展

日元的印制水平较高，特别在造纸方面，采用日本特有的物产"三亚皮浆"为原料，纸张坚韧有特殊光泽，为浅黄色，面额越大颜色越深。

拓展思考

1. 日本的货币单位是什么？

2. 1000 日元上面的肖像是谁？

3. 5000 日元背面是什么？

有趣的金融——货币知识一点通

你对欧元了解吗

Ni Dui Ou Yuan Liao Jie Ma

欧盟中 17 个国家的货币是欧元。欧元的 17 个会员国包括爱尔兰、奥地利、比利时、德国、法国、芬兰、荷兰、卢森堡、葡萄牙、西班牙、希腊、意大利、斯洛文尼亚、塞浦路斯、马耳他、斯洛伐克、爱沙尼亚。欧元由欧洲中央银行和各欧元区国家的中央银行组成的欧洲中央银行系统负责管理。总部坐落于德国法兰克福，欧洲中央银行有独立制定货币政策的权力，欧元区国家的中央银行参与欧元纸币和欧元硬币的印刷、铸造和发行，并负责欧元区支付系统的运作。

欧元是自罗马帝国以来欧洲货币改革史上最为重大的成果。欧元不仅

※ 欧元

仅使欧洲单一市场得以完善，更使得欧元区国家之间的自由贸易更加方便快捷，而且更是欧盟一体化进程的重要组成部分。

尽管摩纳哥、圣马力诺和梵蒂冈并不在欧盟国家行列，但是由于他们以前使用法国法郎或者意大利里拉作为货币，现在也使用欧元并授权铸造少量的他们自己的欧元硬币。一些非欧盟国家和地区，比如黑山、科索沃和安道尔，也使用欧元作为支付工具。

所有的欧元硬币的正面都是相同的，标有硬币的面值，称为"共同面（commonside）"，而硬币背面的图案则是由发行国自行设计的（nationalside）。所有的欧元都可以在欧元区流通，比如，铸有西班牙国王头像的硬币在出了西班牙以外的其他使用欧元的国家也是法定货币。欧元硬币一共有8种。虽然1欧分和2欧分的硬币一般不在芬兰和荷兰使用，但仍然是法定货币。各国每种面额的欧元都是一样的。欧元纸币一共有7种。尽管大面额的纸币在某些国家并不发行，但仍然是法定货币。欧元区小额支付的一般规则是：在欧元区之内的转账视为国内转账，欧元区内信用卡支付和ATM取款的费用与国内费用相同，票据支付也与国内相同。

◎面值及图案

欧元图案是由欧洲货币局公开征集而于1996年12月13日最终确定的。奥地利纸币设计家罗伯特·卡利纳的方案被采用。按照卡利纳方案，票面值越大，纸币面积越大。各种纸币正面图案的主要组成部分是门和窗，标志着合作和坦诚的精神。12颗星围成一个圆圈，象征着欧盟各国和谐地生活。纸币的反面是桥梁的图案，象征着欧洲各国联系紧密。各种门、窗、桥梁图案分别代表欧洲各时期的建筑风格，币值从小到大依次为古典派、浪漫派、哥特式、文艺复兴式、巴洛克式和洛可可式、铁式和玻璃式、现代派建筑风格，颜色分别为灰色、红色、蓝色、橘色、绿色、黄褐色、淡紫色。在各国区域内印刷的欧元纸币，正面、背面图案均相同，纸币上没有任何国家标志。硬币由欧元区各国铸造，所有硬币的正面都铸有欧洲经济货币联盟的标志，背面是各国的图案。

◎欧元纸币

欧元纸币用绵纸制造，有特殊的手感，而且有一部分凹凸不平，并有

一条防伪线，而且纸币上端的面值数字使用的是变色油墨印刷。

欧元纸币共分为 5、10、20、50、100、200、500 欧元 7 种面值，尺寸和颜色各不相同。每种面值的纸币都显示一个欧洲建筑时期、一张欧洲旗帜和欧洲地图。

5 欧元，大小为 120 毫米×62 毫米，颜色为灰色，图案为古典时期建筑。

10 欧元，大小为 127 毫米×67 毫米，颜色为红色，图案为罗马式建筑。

20 欧元，大小为 133 毫米×72 毫米，颜色为蓝色，图案为哥特式建筑。

50 欧元，大小为 140 毫米×77 毫米，颜色为橘色，图案为文艺复兴时期建筑。

100 欧元，大小为 147 毫米×82 毫米，颜色为绿色，图案为巴洛克式和洛可可式建筑。

200 欧元，大小为 153 毫米×82 毫米，颜色为黄褐色，图案为钢铁及玻璃式建筑。

500 欧元，大小为 160 毫米×82 毫米，颜色为紫色，图案为 20 世纪现代建筑。

◎欧元硬币

硬币有 1 分、2 分、5 分、10 分、20 分、50 分、1 欧元、2 欧元 8 种面值。欧元区 16 个国家的硬币有一面相同的图案，另一面则不相同。

其中 1、2、5 分币由 2002 年起铸造，由镀铜钢铸造，含 94.35% 的钢，5.65% 的铜，正面为地球，显示欧洲、中东、非洲一面。

1 分，直径为 16.25 毫米，厚度为 1.67 毫米，重为 2.30 克，边缘光滑。

2 分，直径为 18.75 毫米，厚度为 1.67 毫米，重为 3.06 克，边缘有一道沟。

5 分，直径为 21.25 毫米，厚度为 1.67 毫米，重为 3.92 克，边缘光滑。

10、20、50 分由 2007 年使用，由北欧金铸造，含 89% 的铜，5% 的

铝，5％的锌，1％的锡，正面欧洲地图在左。

10分，直径为19.75毫米，厚度为1.93毫米，重为4.10克，边缘有细纹克。

20分，直径为22.25毫米，厚度为2.14毫米，重为5.74克，边缘七个凹口（西班牙花型）。

50分，直径为24.25毫米，厚度为2.38毫米，重为7.80克，边缘细纹刻度。

1、2元2007年使用，2元内芯含75％的铜，20％的锌，5％的镍，外环含75％的铜，25％的镍，1元内外相反，正面欧洲地图在右。

1元，直径为23.25毫米，厚度为2.33毫米，重为7.50克（芯3.71克）。

2元，直径为25.75毫米，厚度为2.20毫米，重为8.50克（芯4.10克），边缘细刻度上刻字（字因国家而不同）。

各国硬币独特的一面分别为：

奥地利：1分——龙胆花；2分——火绒草；5分——奥地利阿尔卑斯地区花卉；10分——圣斯蒂芬教堂，维也纳歌特建筑；20分——美景宫，巴洛克建筑；50分——维也纳分离派大楼，新艺术风格；1元——作曲家莫扎特；2元——奥地利激进和平主义者，诺贝尔和平奖获得者贝尔塔·弗赖茹劳·冯·苏特纳。

比利时：全部是阿尔贝二世国王肖像。

芬兰：1、2、5、10、20、50分——芬兰国徽上的纹章狮子；1元——两只天鹅飞过芬兰土地，大天鹅是芬兰国鸟；2元——云梅的花和叶。

德国：1、2、5分——前德国芬尼上也使用过的德国橡树枝；10、20、50分——勃兰登堡大门，代表分裂和统一；1、2元——代表德国主权的日耳曼鹰标志。

法国：1、2、5分——玛丽安娜头像，法兰西共和国标志；10、20、50分——播种者，前法郎所用的主题；1、2元——一棵风格化的位于六边形内的树，周围刻有格言 LibertéEgalitéFraternité（自由，平等，博爱）。

希腊：1分——公元前5世纪的雅典三列桨战舰；2分——19世纪早期的护卫舰；5分——现代油轮，希腊商业的标志；10分——里加斯费雷

奥斯，希腊作家，革命家；20 分——扬·卡坡迪斯查斯，希腊第一任总理；50 分——埃莱夫塞里奥斯·韦尼泽洛斯，希腊政治家；1 元——公元前 5 世纪雅典德拉克马硬币图案，猫头鹰；2 元——宙斯以公牛形象拐走欧罗巴。

荷兰：全部是贝娅特丽克丝女皇肖像。

爱尔兰：全部是凯尔特竖琴。

意大利：1 分——普利亚的蒙特堡；2 分——都灵的安托内利尖塔；5分——罗马斗兽场；10 分——画家桑德罗·波提切利的画维纳斯的诞生里的维纳斯头像；20 分——波丘尼的未来主义雕塑空间连续的独特形体；50 分——古罗马雕像马可·奥勒留骑马像；1 元——达·芬奇的维特鲁威人；2 元——画家拉斐尔所画的但丁头像。

卢森堡：全部是亨利大公肖像。

葡萄牙：1134 年（1、2、5 分）、1142 年（10、20、50 分）、1144 年（1、2 元）的皇家印玺。

西班牙：1、2、5 分——圣地亚哥大教堂；10、20、50 分——塞万提斯，堂吉诃德的作家，1、2 元——卡洛斯一世国王。

斯洛文尼亚：1 分——鹳以前是在 20 斯洛文尼亚元硬币上；2 分——王子石 5 分——IvanGrohar 的名画播星者（ASowersowingstars）；10 分——斯洛文尼亚国会；20 分——利皮扎马；50 分——特里格拉夫山斯洛文尼亚最高的山；1 元——PrimoTrubar 斯洛文尼亚新教改革家；2 元——弗兰策·普列舍仁。

塞浦路斯：1、2、5 分——摩弗伦羊；10、20、50 分——古希腊货船基乐尼亚号；1、2 元——珀莫斯人像。

马耳他：1、2、5 分——姆那拉神庙；10、20、50 分——马耳他国徽1、2 元——马耳他十字。

斯洛伐克：1、2、5 分——斯洛伐克塔特拉山的主峰，海拔 2655 米的格尔拉赫峰，以及斯洛伐克国徽；10、20、50 分——布拉迪斯发城堡以及斯洛伐克国徽；1、2 元——斯洛伐克国徽。

爱沙尼亚：全部 8 枚硬币的一种单个的设计，以一张爱沙尼亚地图为特色并由 12 颗星围绕这硬币。

◎欧元纸币的票面特征

欧元纸币是由奥地利中央银行的 RobertKalina 设计的，主题是"欧洲的时代和风格"，描述了欧洲悠久的文化历史中 7 个时期的建筑风格。其中，还包含了一系列的防伪特征和各成员国的代表特色。

7 种不同券别的纸币采用了不同颜色为主色调，规格也随面值的增大而增大。除此以外，欧元纸币还有以下主要特征：

（1）用拉丁文和希腊文标明的货币名称；

（2）用 5 种不同语言文字的缩写形式注明的"欧洲中央银行"的名称；

（3）版权保护标识符号；

（4）欧洲中央银行行长签名；

（5）欧盟旗帜。

欧元纸币的防伪特征

欧元采用了多项先进的防伪技术，主要有以下几个方面：

1. 水印：欧元纸币均采用了双水印，即与每一票面主景图案相同的门窗图案水印及面额数字白水印。

2. 安全线：欧元纸币采用了全埋黑色安全线，安全线上有欧元名称（EURO）和面额数字。

3. 对印图案：欧元纸币正背面左上角的不规则图形正好互补成面额数字，对接准确，无错位。

4. 凹版印刷：欧元纸币正面的面额数字、门窗图案、欧洲中央银行缩写及 200、500 欧元的盲文标记均是采用雕刻凹版印刷的，摸起来有明显的凹凸感。

5. 珠光油墨印刷图案：5、10、20 欧元背面中间用珠光油墨印刷了一个条带，不同角度下可出现不同的颜色，而且可看到欧元符号和面额数字。

6. 全息标识：5、10、20 欧元正面右边贴有全息薄膜条，变换角度观察可以看到明亮的欧元符号和面额数字；50、100、200、500 欧元正面的右下角贴有全息薄膜块，变换角度观察可以看到明亮的主景图案和面额

数字。

7. 光变面额数字：50、100、200、500 欧元背面右下角的面额数字是用光变油墨印刷的，将钞票倾斜一定角度，颜色由紫色变为橄榄绿色。

8. 无色荧光纤维：在紫外光下，可以看到欧元纸张中有明亮红、蓝、绿三色无色荧光纤维。

9. 有色荧光印刷图案：在紫外光下，欧盟旗帜和欧洲中央银行行长签名的蓝色油墨变为绿色；12 颗星由黄色变为橙色；背面的地图和桥梁则全部为黄色。

10. 凹印缩微文字：欧元纸币正背面均印有缩微文字，在放大镜的观察下，真币上的缩微文字线条饱满且清晰。

欧元纸币的识别方法

同识别人民币一样，识别欧元纸币也同样要采用"一看、二摸、三听、四测"的方法。

1. 看，一是看迎光透视：主要观察水印、安全线和对印图案。二是晃动看：主要观察全息标识，5、10、20 欧元背面珠光油墨印刷条状标记和 50、100、200、500 欧元背面右下角的光变油墨面额数字。

2. 摸，一是摸纸张：欧元纸币纸张薄、挺度好，摸起来不滑、密实，在水印部位可以感到有厚薄变化。二是摸凹印图案：欧元纸币正面的面额数字、门窗图案、欧洲中央银行缩写及 200、500 欧元的盲文标记均是采用雕刻凹版印刷的，摸起来有明显的凹凸感。

3. 听，用手抖动纸币，真钞会发出清脆的声响。

4. 测，用紫外灯和放大镜等仪器检测欧元纸币的专业防伪特征。

◎货币转换

欧元是由 1992 年为建立欧洲经济货币同盟（EMU）而在马斯特里赫特签订的《欧洲联盟条约》所确定的。成员国需要满足一系列严格标准，例如，预算赤字不得超过国内生产总值的 3％，负债率不得超过国内生产总值的 60％，通货膨胀率和利率接近欧盟国家的平均水平。

欧元货币由于各国数字舍进位习惯不同，各国货币间的转换均需通过欧元进行。欧元和原有货币的固定转换比率如下：

13.7603 奥地利先令（ATS）

40.3399 比利时法郎（BEF）

2.20371 荷兰盾（NLG）

5.94573 芬兰马克（FIM）

6.55957 法国法郎（FRF）

1.95583 德国马克（DEM）

0.77564 爱尔兰镑（IEP）

1936.27 意大利里拉（ITL）

40.3399 卢森堡法郎（LUF）

200.482 葡萄牙埃斯库多（PTE）

166.386 西班牙比塞塔（ESP）

340.750 希腊德拉克马（GRD）

239.640 斯洛文尼亚托拉尔（SIT）

0.585274 塞浦路斯镑（CYP）

0.429300 马尔他镑（MTL）

30.1260 斯洛伐克克朗（SKK）

15.64664 爱沙尼亚克朗（EEK）

这些转换比率是由欧洲议会根据欧洲委员会的建议，按 1998 年 12 月 31 日的市场汇率为基础而确定的，1 欧洲货币单位等于 1 欧元。因为欧洲货币单位的价值取决于非欧元货币（主要是英镑）的当日收盘价，所以该汇率没有更早确定。

希腊在一开始并没有达到使用欧元的标准，所以没有在 1999 年 1 月 1 日加入欧元区。直到两年以后，在 2001 年 1 月 1 日，希腊加入欧元区，其货币的转换比率是：340.750 希腊德拉克马（GRD）兑 1 欧元。

自 1999 年 1 月 1 日零时起，欧元引入无形货币（旅行支票、电子支付、银行业等）领域；2002 年 1 月 1 日，新的欧元纸币和欧元硬币启用，称为欧元区国家的法定货币。

原有的纸币和硬币的转换期持续 2 个月，直至 2002 年 2 月 28 日。各国官方停止使用原有货币作为法定货币的日期是不同的，最早的是德国，德国马克于 2001 年 12 月 31 日不再是德国法定货币，但是在 2002 年 2 月 28 日之前可以转换成欧元。到 2002 年 2 月 28 日，所有的国家都停止使用原有货币作为法定货币。但是，在此日期之后，各国的中央银行在几年内仍旧接受原有货币，奥地利、爱尔兰、西班牙的中央银行永久性的接受原有货币。最早停止使用的硬币是葡萄牙埃斯库多，它于 2002 年 12 月

31 日不再具有货币价值，而纸币直到 2022 年仍然是可转换的。

芬兰决定除了为收藏者少量铸造外，不铸造 1 欧分和 2 欧分的硬币，所以在芬兰兑换欧元时，以 1 欧分或 2 欧分结尾的将舍去，以 3 欧分或 4 欧分结尾的将进位为 5 欧分。但是 1 欧分和 2 欧分在芬兰依然是法定货币。

斯洛文尼亚于 2007 年 1 月 1 日采用欧元。其转换比率为：239.640 斯洛文尼亚 Tolar（SIT）兑 1 欧元。

◎ 与欧元挂钩的货币

现时与欧元挂钩的货币有：佛得角共和国货币埃斯库多、波斯尼亚及塞哥维纳可兑换马克、保加利亚列弗、法国海外法郎、中非法郎、西非法郎及科摩罗法郎。欧元在欧盟世界外，总共是 15 个国家及地区的官方货币。而且，有 22 个国家及地区的货币都是直接与欧元挂钩的，包括 14 个西非国家，3 个法国太平洋地区，2 个非洲岛国及 3 个巴尔干半岛的国家。

◎ 经济利益

从经济利益的角度讲，实行统一货币会给欧盟各国带来以下好处：

1. 增强自身经济实力，提高竞争力

未来欧元区在国内生产总值和对外贸易总额两个方面都将高于美国和日本。欧元启动以后，统一货币与统一市场的共同促进无疑会带来新的经济增长，使得欧盟在与美国和日本等经济强国的竞争中处于有利地位。

2. 减少内部矛盾，防范和化解金融风险

在经济竞争日益全球化、地区化、集团化的大趋势中，统一货币是最有力的武器之一。欧盟是当今世界一体化程度最高的区域集团，但对国内市场动荡的冲击仍然缺乏抵御能力。1995 年的墨西哥比索危机、1996 年的日元危机，都一度导致欧盟经济增长滑坡、出口下降、就业减少。事实证明，欧盟浮动汇率机制下各自为政的多国货币币值"软硬"不一，利率的差别、汇率的变动等因素都引发过欧盟内部金融秩序的混乱。欧元作为单一货币正式使用后，上述问题将自然会得到缓解。

伦敦摩根史坦利经济学家费尔斯指出，EMU 的计划具持久性，在亚洲金融危机中已经体现出这套体系的优势，以往欧洲地区是无法安然度过这类风暴侵袭的。

3. 简化流通手续，降低成本

欧元的使用，不仅简化了手续、节省了时间、加快了商品与资金流通速度，而且还会减少近 300 亿美元的兑换和佣金损失，使欧盟企业无形中降低了成本，增强了竞争实力。随着欧元地位上升和欧洲资本市场的发展，成员国的资金成本也会下降，有利于投资和经济增长。

4. 增加社会消费，刺激企业投资

在欧盟内部尽管统一大市场已经建立，但由于多种货币的存在，使得同样的资源、商品、服务在不同的国家表现出不同的价格。这种现象如长期存在下去，将扭曲各国的产业结构和投资结构，不利于大市场的合理发展。如果实施单一货币，由欧洲中央银行（ECB）制定和实施统一的货币政策，各国的物价、利率、投资利益将逐步缩小差别或趋于一致，形成物价和利率水平的总体下降，居民社会消费扩大，企业投资环境改善，最终有利于欧盟总体经济的良性发展。

◎欧元与石油

欧元对油价将有重大的影响。欧元区比美国进口更多的石油用于消费，这意味着，欧元将要比美元更多的流入那些并不只用美元标价石油的 OPEC 国家。欧佩克也经常讨论用欧元标价石油，这就要求石油进口国将储备欧元而不是现在使用的美元以用于石油进口。尽管委内瑞拉的大部分石油出口美国，但是委内瑞拉总统查韦斯（Hugo Chávez）已经声明支持这个计划。另一个支持此计划的是已故伊拉克前总统萨达姆·侯赛因，而伊拉克拥有的石油储量为世界第二。自 2000 年起，伊拉克在出口石油时已经开始使用欧元，而在 2002 年，伊拉克将其美元储备转换为欧元，而在几个月之后，美国决定对伊拉克开战并随后侵入其领土。如果欧佩克执行这项计划，欧元区将获得原来由美国获得的"补助"。用欧元标价石油的另一个重要影响是欧元区油价的变化将紧贴世界油价。当 2004 年 9 月原油价格飙升至 50 美元一桶时，因为欧元对美元的汇率上升，欧元标价的石油价格并没有太大的增长。同样，当油价和欧元汇率一起下降时，欧元标价的油价也不会大幅下降。另一方面，如果油价的变化和汇率的变化方向相反，欧元标价的油价变动将会被放大。用欧元标价将会消除欧洲油价对于欧元兑美元汇率的依赖性。

◎符号

欧元的符号简称 EUR，其符号为特别设计的欧元符，由民意调查从十个设计方案中选出两个，最终提交欧洲委员会选出最终设计。最终胜出

者由四名专家组成的小组所评选。欧元符在 Unicode 字符集中的名称是 EUROSIGN，编码为 U＋20AC（十进制 8364）。在传统拉丁字符集的升级版本具有同样编码。

欧洲委员会最初规定欧元符具有确定的结构比例，不依字体而变化。这一规定意味着欧元符将作为一个标志，而不是像字母或美元、英镑等其他货币符号一样作为可设计的符号。但是严格保持其尺寸将导致欧元符在大部分字体中比其他符号和数字要宽，而且有时会导致一些布局上的问题。因此大部分字体设计者忽略了欧洲委员会的规定，而自行设计各种字体中的欧元符变体，通常基于该字体中的大写字母 C。上方的图片为官方的欧元符号。

在计算机上输入欧元符依赖于所用的操作系统和语言与区域设置。一些欧美的移动电话公司对短消息服务系统的特定字符集软件制作了过渡升级版本，将不常用的人民币或日元符号替换为欧元符，最新的电话已同时包含这两个符号。

欧分没有官方推荐的符号，其金额一般用欧元的小数表示（如通常使用 0.5 而不是 5￠ 或 5c）。小写字母 c 通常也被使用，来自于荷兰盾的次级货币单位分（cent）。在爱尔兰通常可见小写 c 表示（如邮票上），不过商店中有时使用分币符 ￠。希腊则广泛用其原货币单位 Lepton 的缩写——大写字母 lambda（Λ）表示，而且这一单位还被用在希腊发行的欧元硬币自行设计面上。德国通常使用"cent"的缩写"ct"。芬兰一般使用小数形式。

欧元符在货币表示中的位置也存在着差异。虽然官方推荐将其放置在数字之前，但不少国家的人们还是保留了原有货币的习惯。西班牙和法国的人们难以转变为这种他们认为稍有些不合逻辑的形式（书写时货币符号在前，但读的时候在后，例如：deux/doseuros "2 欧元"）。因此在法国 3.50 通常被写成 350，这来自于法郎的习惯书写风格（如 22F96）。

◎使用地域

根据欧盟的规定，欧元现钞于 2002 年 1 月 1 日起正式流通，欧元区的各成员国原货币从 2002 年 3 月 1 日起停止流通。如今欧盟 27 个成员国中已有超过半数的国家加入了欧元区，但是欧洲第二大经济体英国、丹麦等国家因考虑自身利益等原因仍未加入欧元区。

瑞典在 2003 年举行了一次全民公决，根据公决的结果，拒绝让欧元成为瑞典的货币。

1999 年 1 月 1 日起在奥地利、比利时、法国、德国、芬兰、荷兰、卢森堡、爱尔兰、意大利、葡萄牙和西班牙 11 个国家（欧元区国家）正式使用，并于 2002 年 1 月 1 日取代上述 11 国的货币。

希腊于 2000 年加入欧元区，成为欧元区第 12 个成员国。

斯洛文尼亚于 2007 年 1 月 1 日加入欧元区，成为欧元区第 13 个成员国。

塞浦路斯于 2008 年 1 月 1 日与马耳他一起加入了欧元区。

斯洛伐克于 2009 年 1 月 1 日加入欧元区，从而使欧元区成员国增至 16 个。

爱沙尼亚于 2011 年 1 月 1 日正式启用欧元，成为欧元区第 17 个成员国。

▶知 识 窗

罗伯特·蒙代尔，美国哥伦比亚大学教授、世界品牌实验室主席、1999 年诺贝尔经济学奖获得者、"最优货币区理论"的奠基人，被誉为"欧元之父"。

拓展思考

1. 欧元 17 个会员国都有哪些国家？

2. 欧元纸币是由哪个银行设计的？

3. 如何识别真假欧元？

世界货币发展史

第五章

SHIJIEHUOBIFAZHANSHI

随着商品经济不断地发展以及世界货币不断演变，货币走向了货币体系市场。中国是世界上最早使用货币的国家之一，许多新的工具在极大的货币市场推动中不断地涌现出来。

中国货币的发展

Guan Yu Hua Bi De Fa Zhan Shi

中国是世界上最早使用货币的国家之一。中国在使用货币的历史长达 5000 年之久。中国古代货币主要经历了六次重大的演变：

1. 由自然货币向人工货币的演变

中国的汉字中，凡与价值有关的字，偏旁部首里面大都从"贝"。由此可见，海贝是我国最早的货币。

当经济不断地发展，货币需求量越来越大，海贝已无法满足人们的需求，人们开始用铜仿制海贝。随着人工铸币的大量使用，海贝这种自然货币便慢慢退出了中国的货币舞台。

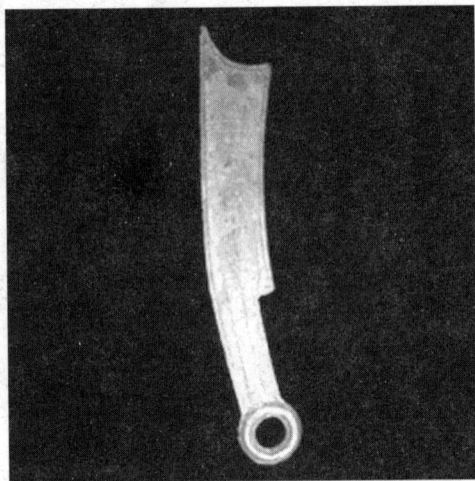

※ 刀币

铜贝的出现，是我国古代货币史上由自然货币向人工货币的一次重大演变。

2. 由杂乱形状向规范形状的演变

从商朝铜贝出现后到战国时期，我国的货币逐渐形成了以诸侯称雄割据为特色的四大体系，即：铲币、刀币、环钱、楚币（爰金、蚁鼻钱）。

秦统一中国后，秦始皇于公元前 210 年颁布了中国最早的货币法，"以秦币同天下之币"，规定在全国范围内通行秦国圆形方孔的半两钱。秦半两钱确定下来的这种圆形方孔的形制，一直沿续到民国初期。圆形方孔的秦半两钱在全国的通行，结束了我国古代货币形状各异、重量悬殊的杂乱状态，是我国古代货币史上由杂乱状向规范形状的一次重大演变。

3. 由地方铸币向中央铸币的演变

据《汉书·食货志》记载,刘邦建汉后,允民私铸钱币。豪绅富商和地方势力乘机大铸恶钱而牟利。文帝时"邓通大夫也,以铸钱财过王者。"

元鼎四年(前115年),汉武帝收回了郡国铸币权,并下旨由中央统一铸造五铢钱。以后逐步确定了由中央政府对钱币铸造、发行的统一管理,中央统一铸造五铢钱这是中国古代货币史上由地方铸币向中央铸币的一次重大演变。此后,历代铸币皆由中央直接经管。铸币权收归中央,对当时稳定各朝的政局和经济发展起了重要的作用。

4. 由文书重量向通宝、元宝的演变

唐高祖武德四年(621年),李渊决心改革币制,废轻重不一的历代古钱,取"开辟新纪元"之意,统一铸造"开元通宝"钱。开元通宝一反秦汉旧制,钱文不书重量,是我国古代货币由文书重量向通宝、元宝的演变。开元通宝钱是我国最早的通宝钱。

秦汉以来所铸的钱币,通常在钱文中都明确标明钱的重量,如"半两""五铢""四铢"等等(24铢为一两)。

此后我国铜钱不再用钱文标重量,都以通宝、元宝相称,它一直沿用到辛亥革命后的"民国通宝"。

◎由金属货币向纸币交子的演变

交子不但是我国最早的纸币,也是世界上最早的纸币。

北宋时,由于铸钱的铜料紧缺,政府为弥补铜钱的不足,在一些地区大量地铸造铁钱。据《宋史》记载,当时四川所铸铁钱一贯就重达25斤8两。在四川买一匹罗(丝织品),要付130斤重的铁钱。铁钱如此笨重不便,纸币交子就在四川地区应运而生。交子的出现,是我国古代货币史上由金属货币向纸币的一次重要演变。

▶ 知 识 窗

清末机制货币的出现,是我国古代货币史上由手工铸币向机制货币的重大演变。

清朝后期,随着国外先进科学技术的逐渐传入,光绪年间已开始在国外购买造币机器,用于制造银元、铜元。后来,广东开始用机器制造无孔铜元。因制造者获利丰厚,各省纷纷仿效。

从此,不但铸造货币的工艺发生了重大变化,而且使流通了两千多年的圆形方孔钱寿终正寝。

1. 中国古代货币的形成和发展经历了几次演变？

2. 我国最早的通宝钱是什么？

3. 世界上最早的纸币是什么？

◎春秋战国时期的四大货币体系

春秋战国时期，随着商品经济的不断发展，在流通中需要分割以及鉴定成色的金属称量货币逐渐显得不适应，于是，它就被金属铸币所取代了。春秋时期进入金属铸币阶段，而到了战国时期就已经确立了布币，刀货，蚁鼻钱，环钱四大货币体系，下面为大家简单介绍一下。

1. 春秋时期的布币主要是空首布，也就是有装柄的空心鎛。而战国时期的布币主要是平首布，相对于"空首布"而言，平首布是已无装柄的中空的鎛，形状类似于铲状铜片。布币在形状上大致可以分为平肩、耸肩、圆肩以及方足、尖足、圆足等类型，一般是由平肩平底布或平肩方足布向耸肩尖足布或圆肩圆足布来演化，之后扩展到楚国和燕国等各地。

2. 北方的燕国和东方的齐国使用的主要是刀币。刀币分两大类型，即"燕明刀"和"齐刀化"。刀币形状主要取象于北狄、山戎等北方游牧民族渔猎所用的刀类工具。由于齐刀面有"化"字文，所以被称为"刀化"。刀货刀背形状可分弧背、折背、直背，刀首也有尖首，平首之分，属于我国早期青铜铸币的一种。

3. 环币被西北方的秦国所独用。它的外形主要是由纺轮或玉壁演化而来。环币分圆形圆孔和圆形方孔两种类型。战国时期，也就是较早铸行的是圆形圆孔，后来到了秦惠文王，秦始皇就开始铸圆形方孔"半两"钱。方孔钱的原始状态就是圆形环钱。

4. 南方楚国使用的铸币铜贝称为蚁鼻钱，是由贝币演化而来。铜贝钱文为"贝化"二字组合，"形似鬼脸"。蚁鼻喻小，意思也就是小钱。楚国有文铜贝铸币俗称"蚁鼻钱""鬼脸钱"。楚国除了蚁鼻钱之外，还有黄金称量货币，这是战国时期唯一一个把黄金作为流通货币的国家。

总而言之，在春秋战国时期所出现的四大货币体系，都是由刀、铲、

纺轮等劳动生产工具演化而来的。由此可以看出当时各地的征战、渔猎、制陶，纺织与贸易往来等经济生活的地区特色以及社会风貌。形成四大货币区对当时的诸侯割据来说是必然的。随着经济以及商品交易的发展，促进币制出现统一，各国货币互相流通成了标准化趋势。

◎历朝纲钱沿革

纲钱指的是由国家或地方政权法定发行的一类钱币。一种纲钱的不同版别又发展出"目钱"。纲举目张构成了钱币的整个系统。把纲钱作为线索可以了解货币沿革史；把目钱作为线索可以涉足古钱币考古与鉴赏。

从秦汉到明清纲钱体系可以分为两大阶段。而两大阶段也各具特色。第一阶段：秦汉与隋唐主要是铜铸币，是以秦"半两钱"以及汉"五铢钱"为主干铢两体系阶段。第二阶段：唐宋到明清不仅铸币出现年号，宝文体系与前铢两体系有所区别，还出现了纸币与银本位体系。

一、秦汉"半两钱"

秦统一六国之后，政治统一的形势下经济也要求统一，秦始皇顺应历史发展趋势，在度量衡同，统一文字时，也统一了货币。规定把"黄金"作为上币，以镒（20 两）为单位，把圆形方孔铜钱作为下币，以半两为单位。钱文"半两"与实重相符，这种圆形方孔钱从此成为中国货币的主要形式一直沿用了 2000 多年。但是为什么会选用这种形制呢？主要是因为环形方便携带，而方孔穿绳索铜钱不容易旋转，可以防止磨损。也有一些人认为这种形制表达了古人天圆地方的宇宙观。世界上最早由政府法定的货币就是秦朝圆形方孔钱。

对于战国和秦朝的"半两钱"的鉴别，书法是最根本的依据。秦朝币钱文"半两"为小篆，而战国币钱文"半两"为大篆。据历史记载，秦币是由宰相李斯所书。也许受此影响，秦朝之后的钱文大部分都是出自达官贵人或书法名家之手。因此，宋朝还出现了皇帝御书钱。中国古钱币与西方货币的区别之一是中国古钱版面主要是钱文，流通币极少以图案为主。而西方货币则是以人像，动植物等图案为主。古钱书法形式多言，古钱上的书法艺术另当别论。

据说秦始皇为了防备百姓造反，收集天下兵器铸十二金人。这势必会

对铜钱的铸量造成影响。因为铜价非常高，货币流通量明显不足，所以秦半两钱价值是很高的。汉初发生"秦钱重（价高）难用"问题。汉传承秦制沿用半两钱，但刘邦作皇帝时国家很是贫困，在这种形势下，先后出现了榆荚半两、八铢半两以及四铢半两等许多改铸的小钱。二十四铢为一两，因为对秦半两大幅的减重，"半两"就显得名实不符。尤其是一种小半两，形状就像榆树果实，所以被称为"榆荚半两"，其重量不足 1 克，直径不到 1 厘米。汉还允许民间私铸与郡国铸币，引起了币制的紊乱以及通货的膨胀，而且经济一片萧条，直到汉武帝大改币制。

二、汉"五铢钱"与沿革

1. 汉武帝首创"五铢钱"

武帝时期，"外事四夷，内兴功利"非常需要开辟财源。同时由于郡国自由铸钱，造成了币制混乱，物价上涨，严重威胁到中央财政，全国一片混乱。于是公元前 118 年，汉武帝下令废除汉初郡国的制币权，改为由中央统一铸币。设"上林三官"，也就是钟官（掌铸钱）、辨铜（掌原料）、均输（掌制范），组成负责铸造五铢钱的中央铸币机构。五铢钱也被称为上林钱和三官钱。

由于五铢钱质量较高，货币混乱的现象得以解决，对于中央集权和经济发展起到有利的作用。从汉武帝开始，经历西汉，新莽，东汉，魏、晋、南北朝到隋唐长达 700 多年，五铢在长时间内都被当作历朝的法定货币。因五铢钱轻重合宜，中国以"五铢"为主要形制的圆形方孔钱还影响到日本、安南、朝鲜等国。而现在泰国的货币单位仍称为"铢"，与此大概还有一定关系。

2. 新莽币制大乱与铸钱精品问世

西汉晚期，王莽建新朝，滥发货币，托古改制。例如"大泉五十"，就是王莽上台后为了解决经济危机才产生的。"泉"是"钱"字的借用。王莽相信纬学说，在他夺取刘姓天下之后，为讳忌"刘"字，因为刘字由卯、金、刀三字组成，所以钱文中不用"金"字而用"泉"。一枚"大泉五十"的重量是二个半西汉五铢钱的重量，但却要当 50 个五铢钱用。这就意味着每发行一枚"大泉五十"，就要从百姓手中夺走 47 个半五铢钱财富，这就是引起人民不满的原因，于是民间仍用五铢钱交易。为此王莽以重刑酷法规定：只要私藏五铢钱者都将被作为犯人充军戍边。由币制混乱

就可以看出王莽统治不得人心，必垮无疑。此外还有一种大钱名"刀平五千"，也就是说一枚大钱要当五千个五铢钱使用。大额钱的出现势必会有人冒死伪造。

为了防止盗铸私钱，除了颁行刑法重治之外，还创造了一种新币形，也就是把圆钱和古代刀币结合，创造出了世界上第一枚双色金属钱币。为了防止盗铸私钱而使"大泉五十""刀平五千"等官行币"做工精绝"，这一扭曲现状也令后人千年叹息。

东汉恢复了西汉以来的五铢钱制度，但到了东汉末年，董卓进京毁掉五铢钱，重新铸造一种小钱，引起了通货膨胀，货币制度再次陷入混乱，经济陷入危机。

3. "六朝五铢"劣钱

魏晋南北朝是中国的战乱分裂时期，政局动荡，战争频繁，社会经济屡遭破坏，史称此时"钱法大坏"。为了省铜，五铢钱越做越小，有了"鹅眼""鸡目"之称，甚至还有的剪凿边圈，称为剪边五铢，一枚钱改为二枚，面额却大，百当千用，货币混乱不堪。钱币界把这一时期的五铢钱统称为"六朝五铢"。六朝指的就是建都南京的三国吴、东晋、南朝宋、齐、梁、陈这六个朝代。这一时期的五铢钱不仅铸造粗劣，而且钱文草率、笔画不全。由于朝代变更有将"五铢"写成"五金"的，也有写成反文"铢五"的。不过这期间的五铢钱也有个别例外的，例如北魏的"太和五铢"和"永安五铢"，史称质量上乘，"重如其文"，这也使人联想到北魏孝文帝的一系列成功的改革。

4. 隋朝"五铢钱"与传闻

汉末以来300多年钱制庞杂的局面，随着隋代隋文帝铸造的"开皇五铢"结束了，这也是最后一个使用五铢钱的朝代。隋炀帝暴政，有人认为隋"五铢钱"五铢的"五"也就是"X"字左边加竖丨为"丨X"，放倒后就像是"凶"字。于是就有人说"五铢钱"是隋的凶兆，预示着隋的灭亡为时不远。所以隋朝"五铢钱"比较好辩认。其实这种写法北魏也曾有过，这只是老百姓借此来诅咒隋暴政而已。

唐朝起圆形方孔钱由铢两体系转变为以"文"为单位的宝文、年号体系，沿革两宋至清，这就是货币发展的第二阶段。

三、唐高祖首创"宝文""年号钱"

唐代是一个经济和文化都非常发达的强盛朝代。根据历史的记载，唐高祖于武德年间 621 年铸行"开元通宝"钱，于是秦汉以来以重量铢两定名的钱币体系制度结束了。"开元通宝"钱开创了唐宋以后以"文"为单位的年号，宝文体系铜铸币。"开元"有创始、首创的意思，"通宝"也就是流通的宝货。其在重量单位上也有了很大的突破，古代衡法是以二十四铢为一两。"开元通宝"开创了十进位制，每枚重二铢四为一文钱，积十文钱为一两，也就是十钱一两"以钱代铢"。"开元通宝"在唐代铸行了 200 多年，使币制能够长期稳定。唐朝以"文"计数，以钱两为重量单位的宝文钱体系一直沿袭到清朝，历时千年之久。另相传唐高祖铸行的"开元通宝"是由初唐书法大家欧阳询所书，被誉为书法币。唐朝的安史之乱后，唐肃宗为了应对财政困难而铸造大钱，称为"乾元重宝"。这是最早称"重宝"的钱，一文重宝可以当作开元钱的十文使用，因此造成盗铸严重，物价飞涨，通货贬值，人心不安。直到晚唐，唐武宗废佛，利用佛铜大量铸"会昌开元"钱，这才使持续了半个世纪之久的通货紧缩现象有所缓解。

五代十国是军阀割据混战分裂时期，由于货币五花八门，政权林立，是一个货币非常混乱的时期。币材除铜外还有锡、铁等。大额钱币可以当十当百，甚至当千当万来使用。钱制的混乱复杂反映出割据战乱造成的经济恶化。

综上所述，铜铸币圆形方孔钱从铢两体系转变为年号，宝文体系，是货币发展的一大转折时期。

两宋到明清，除了铜铸币之外，还产生了纸币与银本体系，这是货币发展的又一转折时期。

1. 两宋"年号钱""御书币"与"纸币"

北宋和南宋时候的铜铸币采用其年号的应用最为明显。根据历史的考证，年号首创于汉武帝时期，而"年号钱"始于十六国时期四川成都李寿的"汉兴钱"。而最后的一枚年号钱则为袁世凯复辟帝制铸行的"洪宪元年，当十铜元。"此类钱也随着袁世凯的垮台，也存在了不到四个月的时期。"年号钱"因为铸有年号，明确标明铸造的时间，使人在考证古币年代的时代就一目了然了，这在钱币在形式上发展是一个进步的开始。其实在历朝年号钱中，宋、明、清三朝的钱币最容易进行收集。

要说历代的书法那就是宋朝的书法最有名。相传宋神宗元丰年间所铸造的元丰钱有篆、隶、楷、草四种书体，其中苏东坡手笔的隶书钱文

沉着、豪迈，曾被称为"东坡元丰"。宋哲宗年间司马光和苏东坡用篆、行两种书法写过对文钱"元裕通宝"。宋朝时候擅长书法的皇帝也耐不住寂寞，也经常在钱文上一展身手。由皇帝书写的"御书钱"，根据考证第一人是宋太宗赵炅，而历代皇帝中书法成就最高的是宋徽宗赵佶。根据史料记载，宋徽宗治国安邦无能，"靖康之耻"与儿子钦宗一起被掳为金兵俘虏。但是他却对琴棋书画情有独钟，尤其是在书法"瘦金体"铁画银钩，更是别具一格。宋朝书法币与皇帝身体力行推崇也不无关系，尤其是年号御书钱的流行。此种钱文风到明朝时期有所变动。明代中叶开始钱文都出自匠人之手，字体呆板，不讲布局的结构，更谈不上书法艺术了。

两宋时期铸币铜铁钱并行，因为当时的铜器比铜币要值钱，所以形成了有毁钱铸器的现象，导致了后来市场上少见铜钱而出现了铁钱。另外随着经济重心的南移，货币流通开始扩大，两宋产生的纸币也是世界上最早出现的纸币。这种纸币的出现也是一种象征性货币，纸币是社会商品经济发展到一定阶段的产物，同时也与造纸和印刷技术的进步有一定的关联。北宋的纸币主要有交子，南宋有会子、关子。交子、会子都是当时对票据、证券、况换券类的俗称。币值成为当时政局稳定经济财政局势的晴雨表。辽、宋、西夏等北方少数民族政权在与汉族交往中受中原经济文化影响，除了使用唐宋所铸铜币外，也发行过民族文字与汉文类铜铸币。

2. 元代币制以纸币为主

在元代时期也曾经铸行过少量的铜钱，但是市场上流通的货币主要是流通纸币。这在中国古代是尤为突出的。元代称市场的纸币称为钞。原钞本不许挪用，纸钞发行量也有非常严格的限制。但是元末时期的政治腐败，皇室奢侈，财政入不敷出，军费开支比较大，政府只好靠滥发纸币进行弥补，这一系列的原因就引起了物价飞涨。加上黄河改道的泛滥，天灾人祸，所以称为"开河变钞祸根源"，由此可见滥发纸币与元朝灭亡也有很大的关系。

3. 明朝由纸币政策转以银为主，以钱为辅的体系

发行纸币在货币史上虽然是一个明显的进步，但是历史上的君王利用它来剥削和去掠夺人民而使纸币纸策出现崩溃的现象时有发生。明朝初期朱元璋就推行纸币政策，并且发行"大明宝钞"与铜钱开始并用。但是大

明宝钞不定发行的限额，也没有准备金用来辅助发行，很快就导致通货膨胀，导致后来明中叶嘉靖年后，宝钞已经不能通行，在民间主要用白银和铜钱。比如明朝"班匠"用银两去代替劳役、雇工工资，富豪积家产等都主要用银量了。银量被铸为一定标准的银锭是从元朝开始的，从元朝至元年间开始，银锭就被命名为"元宝"，这也是中国称银锭为"元宝"的开始。"元宝"在民间流行铜制钱，质材上由青铜转为黄铜，铸行主要是以年号为号的通宝钱。

4. 清朝铜钱，纸币和机制币

清代时期的铜钱是沿用明朝的制度所发行的，其主要是铸行小平钱。清代铜钱中以咸丰钱最为复杂，钱文有元宝和通宝、重宝之分，当然其面值也有所不同，钱局不同。流通在清朝民间商务大数都是用银，小钱用钱，钱、银开始并用。清初100年以银锭为主要币进行使用，征税一两以上就必须开始收银，清朝各州县每年分夏，秋两季征收田赋，完粮必须是足银。因为中央不铸造统一的流通银两，各地银锭形式、成色、平码不同，民间所使用的银子也未必就是足银，因此每逢纳税之前都由银匠和银铺将民间散银熔铸成足银上当。清朝当时的一些银匠勾结吏役趁机在银两成色、分量上开始苛剥百姓，由于银两的分量不足造成许多复杂的社会问题。

在明朝中叶开始，在对外贸易中，外国商人用他们的银元来购买中国的丝、茶、瓷器等，并且使各种外国银元开始在中国流行起来。一直到清道光年间的时候，清政府和英国签订了不平等的《南京条约》开始，赔款用的银元都是"洋钱"，当时的中国根本就没有银元。库存洋钱也不足抵数目剧增的对外赔款，于是就迫使清末政府开始制造银元。中国最早的机制洋式银元为光绪年间的"光绪元宝"，因为银元背面一般都会铸有龙纹而得名，俗称"龙洋"。同一时期出现的机制铜元，又称"铜板"。机制银币和铜元的出现对中国传统的银两货币和方孔圆形为主的铜钱制也是一种巨大冲击。清朝后期银锭开始向银元转化。

◎民国时期纸币

孙中山先生领导的辛亥革命推翻了昏庸腐败、丧权辱国的清朝统治，辛亥革命创立了资产阶级共和国，也结束了中国延续两千余年的封建帝制社会，谱写了中国近代史上的光辉一页。辛亥革命之前已经在国外发行

"铸饷券"，为了军事开支的基本需要，又发行了"军事用票"等纸币。当辛亥革命胜利之后，就在民国初年，原"大清银行"就改为"中国银行"，把交通银行就定为是国家银行，并且先后也发行了兑换券。1916年，中国银行和交通银行停止了兑现的承诺，1924年，在广州设立了"中央银行"代理国库，履行国家银行的职能，并且发行货币。经过国家核准的普通商业银行也发行了钞票，各省省地方金融机构也先后发行了地方的钞票。民国时期，中央银行、中国银行、交通银行、中国农民银行以及地方省、地、市、甚至县，也都相继发行了各类众多的钞票，并且铸造了多种金币、银元、铜元、镍币等货币。

◎国家银行票

在民国初年，"中国"和"交通"则被定为国家银行，继续发行兑换券。后来因为袁世凯称帝，进而引起了讨袁的战争。紧接着各地军阀开始进行混战，财政状况呈现极为恶化的局面。二行在1916年曾经停止过兑现，从而引起了粮食和各种商品价格急剧上涨的情况，使百姓蒙受了很大的损失。1924年，孙中山先生为了调节金融，活跃经济，在广州设立了"中央银行"，开始代理国库，并且发行货币，履行国家银行的主要职能。

◎商业银行与特种银行票

除了国家银行发行票之外，有不少普通的商业银行经过政府核准也取得了发行钞票的特权。在前清取得了发行权的有浙江兴业银行、中国通商银行、四明银行、信成银行等。在民国政府成立之后才取得了发行权的有中南银行、大中银行、中国实业银行、中国丝茶银行等。另外，还有经过政府特许发行钞票的特银种行，如殖边银行、边业银行、劝业银行等，这些银行在抵制外钞、发展中国民族经济方面也起到了一定的作用。

◎国民政府纸币

法币

在20世纪20年代与30年代之交，由于我国受到国际金价以及银价波动的影响，白银不断地往外流出，银本位币制难以维持，国内的货币发行也没有实行统一，变得杂乱不堪。国民党政府在 1935 年实行了"法币改革"，规定中央、中国、交通三行（后加中国农民银行）所发行的钞票为"法币"，同时禁止银元在市面上流通，并且特别强制将白银收归国有。

在抗日战争和解放战争的期间，国民党政府就采取通货膨胀的政策，法币开始急剧的贬值。在 1937 年抗战前夕，法币发行总额不超过 14 亿余元，一直到日本投降的前夕，法币发行额已经高达 5 千亿元。到 1947 年 4 月，发行额又增至 16 万亿元以上。1948 年，法币发行额竟然达到了 660 万亿元以上，相当于抗日战争前的 47 万倍，物价上涨 3492 万倍，法币彻底崩溃。

军用票

辛亥革命之后，清朝政府的反动统治也就预示着结束，但是，由于资产阶级的软弱性，革命的果实被袁世凯进行窃取。袁世凯称帝也激起了以云南为开始的全国规模的讨袁战争。各省纷纷成立"护国军""靖国军"，并且宣布独立。讨袁战争结束之后、北洋军阀形成一股军事政治力量。它们在各自的帝国主义国家的支持下，互相争斗，使全国陷入了连年内战之中。各地军政权为了筹措军饷需进行战争，一般都发行了军用钞票。这类钞票均在战地发行，属于临时性质。这部分负担，当然都无一例外地转嫁到了老百姓身上。

◎关金券

关金是"海关金单位兑换券"的简称，为了在国民党统治时期中国海关收税的计算单位。原来海关收税为银两，1929 年世界银价开始大落，并且影响到关税的收入。政府在 1930 年 1 月决定征收金币，以值 0.601866 克纯金为单位来作为标准的计算，称"海关金单位"，合美元 0.40 元。1931 年 5 月，中央银行发行了关金兑的换券，作为缴纳关税来用。1942 年 4 月，以关金 1 元折合法币 20 元的比价，与法币进行流通。在 1948 年 8 月发行金元券之后，便停止发行。

◎金元券

因为法币开始恶性膨胀，国民经济也面临崩溃之势，国民党政府在1948年8月19日再次进行币制的改革。规定金元为本位，并且开始发行"金元券"（每金元含纯金0.22217克），本次是以一比三百万的比率，进行收兑急剧贬值的法币。然而金元券却以更快的速度开始膨胀，前后不到十个月的时间，发行总额高达1，303，0.46亿元，比原本规定的发行额20亿元增加了6.5万余倍，物价也比币改初期上涨了170万倍。到1949年前夕，上海银元1元可以换金元券16亿，各地也纷纷拒绝使用，逐步以银元来代替流通。

◎银元券东北九省流通券

到1949年前夕，金圆券已经形同废纸一样，民间已经自动重新使用银元起来。国民党政府也恢复了银本位币制，在重庆、广州一带开始发行银元券。规定只要持有金元券五亿就可以向中央银行兑换银元券一元。在抗日战争胜利的前夕，国民党政府决定在币制方面开始采取分区发行的制度。对于经济环境相对特殊的地区，开始发行区域性的流通券，限于在当地进行流通。1945年12月日，首先在东北地区开始发行"东北九省流通券"，其币值为法币的十倍。1948年8月20日停止了发行。1924～1949年间，在中国共产党领导下的革命组织，比如农民协会、苏维埃政府、抗日根据地八路军、新四军金融组织，解放战时期的各地区银行所发行的银、铜、纸、布等货币，统统被成为人民政权货币。这些币在各个历史时期对稳定金融，推进革命形势的发展，扩大人民政权的建立与项固，以至于中国的解放和中华人民共和国的建立都发挥了非常重要的作用。

◎北伐战争时期农民协会货币

1924年至1927年，孙中山先生在共产党的协助下，实行了"联俄、联共、扶助农工"的三大政策，全国出现了国共的合作，掀起了共同反对帝国主义，反对军阀官僚的革命热潮。北伐战争获得了节节胜利，农民运动蓬勃兴起，许多地方已经建立了农民协会，并且开展了声势比较浩大的反对地主豪绅的农民革命斗争。农民革命政权在打破封建秩序之后，为了活跃农村经济，方便农民借贷，于是就在许多地区也建立了金融组织，也发行了自己的货币。"浏阳金刚公有财产保管处""浏东平民银行常洋券"的期票以及"黄冈县信用合作社流通券"，是中国工农革命政权早期的货币。

◎土地革命战争时期苏区货币

1927 年"四一二"事变之后，各革命根据地苏维埃政府为了冲破敌人的经济封锁，活跃起农村的经济，巩固革命的政权，先后以工农银行、苏维埃政府以及其他经济部门的名义，开始发行了 150 余种纸币和 10 余种布钞。

之后随着根据地的逐步统一，苏区的货币经历了由区、县银行货币到特区和省银行货币，最终成为统一的中华苏维埃共和国国家银行以及其各分行的货币，这样一个由分散到集中统一的过程。这个时期的货币也是处在艰苦、困难的战争环境中。由于它的票面设计充满了浓厚的革命政治意义，并且也反映了中国共产党在当时特定环境之中的战斗风貌。

◎抗日战争时期根据地货币

1937 年抗日战争开始的时候，八路军和新四军先后挺进敌后，并且开辟了敌后的根据地，建立起抗日民主的政权。从 1938 年开始，除了中央所在地的陕甘宁边区之外，又在华北敌后先后建立了晋察冀、晋冀鲁豫、晋绥、山东等抗日根据地；在华中也先后建立了苏北、苏中、浙东、皖中等 8 个抗日根据地；在华南地区也建立了东江和琼崖抗日根据地。并且这些根据地也为发展农业生产，防止和抵制敌伪钞的侵入和流通、保护根据地人民的财富，都分别设立了自己的银行，并且发行了货币。在抗日战争期间，各根据地发行的货币，一般都被称为是"抗币"或者是"边币"。

◎解放战争时期解放区货币

在抗日战争胜利之后，原本各抗日根据地的货币有可能会统一起来，但是，由于第三次国内革命战争的大爆发，不得不继续进行分散的发行。

同时也随着解放战争的胜利发展和解放区的逐渐扩大，发行银行也有所增加和调整。抗日战争初期，原华中抗日根据地的各行政公署设立的地区性银行，并且合并组成了华中银行。东北解放区也增设了"东北银行""关东银行""嫩江银行"等。内蒙古自治区则增设了"内蒙古人民银行"。中原地区增设了"中州农民银行"。冀热辽解放区也都先后增设了"热河省银行"和"长城银行"等。并且这些银行都在艰苦的条件下发行了属于自己的货币，对稳定解放区的金融市场、发展生产、保证供给、支援解放战争也起到了非常积极的作用。

◎第一套人民币

1948 年 12 月 1 日，中国人民银行成立并且开始发行人民币。在习惯上，人们将开始发行至 1955 年 5 月 10 日停止流通的人民币称为第一套人民币。这套人民币的面额分别为 1 元、5 元、10 元、20 元、50 元、100 元、200 元、500 元、1000 元、5000 元、10000 元、50000 元，共 12 种，版别 62 种，其中：1 元券 2 种、5 元券 4 种、10 元券 4 种、20 元券 7 种、50 元券 7 种、100 元券 10 种、200 元券 5 种、500 元券 6 种、1000 元券 6 种、5000 元券 5 种、10000 元券 4 种、50000 元券 2 种。由于当时通货膨胀严重，物价高涨，因此，这套人民币没有发行辅币，也没有发行金属货币。这套人民币最早设计的票版上面有毛主席的头像，但是毛主席不同意在钞票上印他的像。毛主席说，票子是政府发行的，并不是党发行的。我现在是党的主席，所以不能够在票子上印我的像，将来当上政府主席再说吧。1949 年 10 月，毛主席当选为中央人民政府主席之后，中国人民银行行长南汉宸曾经当面请示毛主席：人民币上能否印毛主席像。但是毛主席还是不同意，他说，中央人民政府主席是当上了，但是当上了政府主席也不能够印，因为进城之前我们开会（七届二中全会）已经作了决议：禁止给党的领导人进行祝寿；禁止用党的领导人的名字作城市、街道、工厂和建筑物的名称以及地名，这样可以保持艰苦奋斗、谦虚谨慎的作风，制止歌功颂德、防止骄傲自满的现象。所以，在毛主席生前，人民币上始终没有印他的像。

而第一套人民币上"中国人民银行"六个字是董必武应南汉宸之邀题写的。当时，董必武是华北人民政府主席。由于这套人民币在中华人民共和国成立之前发行的，所以，它上面也没有任何的国徽图案，其他的几套人民币都有。

第一套人民币至 1950 年 8 月停止印制。因为中华人民共和国成立之后，采用了公元纪年，因此后期设计印制的人民币上不再有"中华民国三十八年"等年版号字样，而是全部采用公元纪年表示的年版号，并且在一张钞票上用阿拉伯数字和汉字两种文字来表示，如"1951""一九五一年"。这套人民币所采取的是多地区分散设计、制版、印刷和分地区就近发行的办法，所以缺陷比较多。

其主要是内容比较繁杂，主题思想不够明确、突出，图案有反映工农业生产的劳动场面，也有反映交通运输的场景、名胜古迹等等；钞票种各式各样，面额种类差别巨大，最小面额为 1 元，最大面额达 50000 元；其印刷技术各异。从石版、凸版、胶版、凹版到胶版、凹版套合都有，油墨、纸张也是就地取材，导致印制质量上出现了参差不齐的现象，有的钞票相当精美，但是有的就比较粗糙。由于钱币的质量问题，从整体上来讲，防伪性相对较差。

▶ 知 识 窗

清时期发行的纸币品种比较复杂，有官钞和私钞之分，官钞就是由官府金融机构所发行的，私钞是由民间金融机构所发行的。纸钞又可以被分为铜钱票（可兑换方孔铜钱）、铜元票（可兑换铜元）、银两票（可兑换白银）、银元票（可兑换银元）四种。

| 拓展思考 |

1. 如何鉴别战国和秦朝的"半两钱"？

2. 最早的"重宝"是什么时候铸造的？

3. 讲一讲什么是机制币？

欧洲货币的发展

Ou Zhou Huo Bi De Fa Zhan

1 992 年 9 月下旬，在欧洲外汇市场弥漫着一种恶战的气氛，其中一方是以德国中央银行为首的欧洲货币体系成员国的中央银行，他们要坚决地保护马克兑英镑、意大利里拉等的汇率，不断在外汇市场抛马克买英镑和里拉；而另一方则是外汇市场的投机势力，他们联合一起似乎要与中央银行对着干，抛英镑和里拉买马克。在外汇市场的激烈厮杀之中，中央银行迫于无奈，先后抛出了 200 多亿美元的马克，不过全部都被市场投机者所吃进吞噬。最后，这场较量终是以欧洲中央银行无力维持马克与英镑、里拉的固定汇率范围而败北，英镑和里拉被迫脱离欧洲货币体系而告终。许多大的风险资本投资集团就在这近一个月的时间赚了数千万美元，其中最多赚得的可达近十亿美元。其实，欧洲货币体系产生的这一天起就埋下了危机。

※ 什么是欧洲货币体系

◎什么是欧洲货币体系？

1979 年 3 月，在德国总理和法国总统的倡议下，欧洲经济共同体的 8 个成员国（法国、德国、意大利、比利时、丹麦、爱尔兰、卢森堡和荷兰）决定建立欧洲货币体系体制，将各国货币的汇率与对方固定，从而共同应对共同应对美元浮动。而后在欧洲货币体系成立后的十年内，它的内部固定汇率在不断地调整，使欧洲货币的汇率体制得以生存。在 1989 年 6 月，西班牙也宣布加入欧洲货币体系，1990 年 10 月，英国也宣布加入，这样使欧洲货币体系的成员国一下子扩大了。

其实，事实上欧洲货币体系内部的汇率制并非完全固定不变的，成员国之间货币汇率有一个可波动的范围。每一个成员国的货币都与欧洲货币单位（ECU）定出一个中心汇率，这个这个汇率在市场上的上下波动幅度为正负 2.5％，英镑是 6％。由于马克是欧洲货币体系中最强的货币，而且又因马克又是国际外汇市场上最主要的交易货币之一，于是人们就经常把欧洲货币体系成员国货币与马克汇率的波动，作为称之为中央银行干预的标志。1992 年 12 月 17 日，各成员国货币与马克汇率上下波动的界限，超过上下两个界限，那么只要国家的中央银行就必须干预。由于英镑和里拉早已在 9 月 16 日就退出，所以它们与马克的汇率波幅要在它们重新回到欧洲货币体系的时候再定。

欧洲货币体系成员国中央银行干预外汇市场的方法是这样的，每一个成员国把黄金和美元储备的 20％交给欧洲货币合作基金，再同时换回相应数量的欧洲货币单位。如果某一个成员国的中央银行需要对本国货币与马克的汇率进行干预，那么它可以用手中的欧洲货币单位单位，或其他形式的国际储备金向另外一个成员国中央银行购买本国货币，以此来达到对外汇市场的干预。

◎欧洲央行货币政策

欧洲央行是通过条件稳定的取向从而建立了它的可信度。从 1999 年 11 月至 2000 年 10 月，七次提高主导利率都是重要的稳定政策决定。有人经常指责欧洲央行过于防止通胀风险，而与美联储相反，它通过较少的刺激经济景气。比较 2000 年底以前美国和欧盟及欧洲央行的宏观经济政

策，其中也包括货币政策等，会得出这种结果：欧洲的增长衰退是结构性原因。如果没有欧元必要的结构性改革，那么欧洲央行则无能为力，如果实行扩张性的货币政策则会导致通货膨胀。

货币政策工具（其中包括公开的市场交易、经常性融资便利和最低准备金）用以保障银行灵活的流动性储备保障短期利率调控银行。而欧洲央行作为市场主导利率，把融资业务利率作为市场主导利率。各国央行在贯彻货币政策的时候起到非常重要的作用，它们主要负责监管货币政策战略在各国的实施。

通过"双支柱战略"来实现物价稳定目标。其主要的两个支柱是：第一支柱为货币供应量，欧洲央行制定了与物价水平相关的中期相对稳定的货币供应量。广义地讲货币 M3 年增长率的参考值（现如今至今一直为4.5%）与以前联邦银行货币供应量目标很少相关。自 1999 年以来，实际货币供应量增长率，除了 2000 年中至 2001 年中期以外，都明显大幅高于此参考值。而第二支柱为物价发展预测，其中包括一系列经济指标和财政市场指标，这些指标（比如生产和进口价格、定单情况、业务景气指数、预算余额、汇串等等）对于物价的发展提供早期的信号。

欧洲央行的这一构想受到批评，主要是因为它难以理解，很难以作为中介。此外两个支柱有时候会发出不同的信号。例如，在 2002 年超过目标的货币供应量指标引发了通货膨胀危险，而其他指标则表明经济发展困难以及通货膨胀率大幅度降低。欧洲央行借鉴这些经验，为 2003 年战略制定新的评价体系，是否有变化尚待于考察。

在此期间，欧洲央行利用很多种渠道，比如新闻发布会、月度报告和因特网，来向公众解释其货币政策。央行行长和其他领导定期向欧洲议会提交报告说明书。虽然这一项研究表明欧洲央行 94% 的货币政策决定被市场正确的接受，但还是有人会指责欧洲央行应增加透明度以及与公众的沟通。当然欧洲央行也采取了公众的一些建议和意见。从 2002 年开始，央行每半年都会公布其专家的通货膨胀及经济增长报告。欧元区统计数据基础尚待持续改善改进，以提高货币政策的针对性和专一性。其中有些则是不能公开的更高透明度的要求，比如公开欧洲央行理事会的会议记录这种要求是不应被采纳的，因为公布表决情况会容易给理事会成员施加压力，从而产生危机感。危及欧洲央行的独立性，并且有可能引发各成员国央行行长的国家倾向。

◎财政预算约束

联盟成员国的财政预算赤字在 1993～1997 年期间平均从占 GDP 的 6％大幅降到占 GDP 的 2.6％。1998 年在 11 国之中大多数达到标准，没有理由担心总体难以达到标准。而在联盟启动后，各国财政预算赤字率和国家债务率（国家债务/GDP）平均继续下降。1999 和 2000 年度的良好经济景气对此有所帮助。由于提高了财政预算约束，欧元区总体国家债务率在 2001 年底下降到 69.5％。这项指标此前的几十年都不断上升，至 1996 年达到 75.3％的峰值。意大利、比利时和希腊的债务率还一直高于 100％，令人失望的是，2000 年以来意大利的债务率稳定，而希腊的债务率还一直有所上升，与此相反比利时取得持续进步。

基于 2000 和 2001 年度的弱经济景气，德、法、意、葡的预算赤字上升到《稳定与增长公约》（以下简称《公约》）规定的危险区。欧盟委员会在葡萄牙（2001）和德国（2002）的预算赤字超过规定标准（占 GDP 的 3％）后提起了司法诉讼。欧盟对德国的警告对此有所帮助。由于提高了财政预算约束，欧元区总体国家债务率在 2001 年底下降到 69.5％。而这项指标此前的几十年都不断地上升，至 1996 年达到 75.3％的峰值。意大利、比利时和希腊的债务率还一直高于 100％，不过让人失望的是令人失望的是，2000 年以来意大利的债务率稳定，而希腊的债务率还一直有所上升。与此相反比利时取得持续的进步。各国债务率的降低被视为显著的成就。

有一些政治家和经济学家却批评《公约》的规则太过于僵化，但为了不引起对货币联盟的信任损害，应该放弃或是放宽对公约的遵守，建议要灵活运用。公众和政界广泛深入讨论后，欧盟委员会在 2002 年 11 月对公约做出了更好的解释。其中非常重要的一点建议就是，在经济景气好的年份预算赤字最少降低到零，为经济不景气时的财政政策做准备。除此之外今后还要区别经济景气型赤字和结构型赤字。结构型赤字国家有义务降低结构型赤字，评价财政状况的时候今后要顾及现存赤字状况。为了贯彻建议需加强欧盟委员会的监督，它应有权不需财长会议同意对不稳定预算的国家提出警告。不过总体上来说，对于总体上对欧盟委员会的建议评价大部分还是评价是积极的。

联盟的支柱之一就是预算约束。公约的标准原则上也有效。首先，这涉及货币政策和财政政策的配合。而公约的作用就是避免过松的财政政策造成对货币政策的过高要求。不过这种情况的风险就在于这种情况的风险在于，各国过高的预算赤字将有可能引起联盟的通货膨胀，进而使欧洲央行提高主导利率。其次就是，联盟内的财政政策有个传递问题，因为赤字过高者不会再受到汇率和利率波动的惩罚，所以不稳定的财政政策作用结果就会向整个欧元区扩散。

在欧洲联盟条约之中规定：欧盟以及联盟成员国为了促进经济增长和就业，是有义务紧密协调经济政策的。每年约定一致的"经济政策方针"构成协调框架。其方针的目的就是保障面向增长和稳定的欧盟宏观经济政策，不过其只是建议性质，唯一具体的联盟成员国财政政策协调协议就是公约。

但对更多协调的要求却超出了公约的范围，比如在欧盟委员会方面。因为联盟的货币政策已经集中化，而财政政策和其他重要政策领域仍然继续掌握在各成员国手中。因此由此证明需要一种更紧密的经济政策协调与合作，来以避免内部市场内效率损失和无序竞争及其增长的趋势。协调的拥护者呼吁货币政策和财政政策间的"最佳政策配合"，欧洲央行的独立性却首先就限制了这一愿望。而两个政策领域内的行动者就其行为经常交换意见，到目前为止至今被证明是有益的。

◎融市场一体化进程

因为欧元的引入从而促进了欧洲金融市场的一体化，并且成为结构性改变的催化剂膨胀剂。但也应该看到，在过去的几年，欧元只是对欧元国金融市场发展影响的一种因素，同时还有其他的因素，比如融资活动不断推进造成的自由化、取消管制和全球化，信息、通信技术跳跃性发展所起的重要作用。

因为欧元提高了市场透明度和竞争程度。那么对于对投资者来说，金融市场 1999 年起过渡到欧元，简化了欧元国金融产品价格和收益比较，同时扩大了货币风险投资的范围。对保险公司等机构投资者来说，通过欧元使限制用本币的投资扩大到联盟范围。欧元区取消汇率风险和货币相关的投资障碍，导致了欧元区跨国资产组合趋势加强。德国投资者 1999 和

2000 年对其他欧元国的证券投资猛增了 1500 亿欧元。

金融市场各组成部分（其中包括外汇市场、货币市场、债券市场、股票市场）的一体化程度差异是很大的。货币市场从联盟第一个交易日（1999 年 1 月 4 日）完全一体化，统一利率的货币市场（银行间拆借市场）也相继建立。这对于顺利实施贴近市场的货币政策是非常有必要的。TARGET 支付系统克服最初技术困难后运转正常，并且为此做出了巨大的贡献。欧元区金融市场发展的积极因素就是，1999 年初货币市场很快为贷款、期货和掉期等金融业务引入 EURIBOR、EONIA 参考利率，而代替了旧的如 DM－FIBOR 利率。

同时贷款市场也取得了显著的一体化进展进步，并且得到了拓宽和深化，出现了众多的融资和投资工具，例如企业债券激增，抵押市场发展显著，因为后者在有些国家（法、西）是才建立的。而欧洲结构融资市场强劲增长，比如通过 ABS（资产证券化）大幅度扩大了投资总规模。市场的深化首先表现在联盟国家国债的流动性显著增长。而各国政府发债主要集中在非市场通行期限里，发债金额猛增。联盟造成其他欧元国政府债券与德国联邦债券收益率的趋同。联盟启动后前者与后者利差很低（小于 50 基点），德国联邦债券基于其收益性流动性和流动性收益性，在联盟成立之后其收益率成为其他国债的底线。这种状况当然没有保证，必须通过稳定的财政政策才能赢得。

在股票市场和交易所结构这方面，一体化进展相对缓慢。不过积极的是，通过新的股票指数可以了解到股票的表现，使得股票投资在欧洲范围的转换明显得到增加提高。联盟导致股票投资焦点由面向国家转为面向行业。股市上涨和企业上市行为显著扩大了欧洲包括德国股票文化的影响。

在联盟启动的四年后，股票市场尚有很大空间进一步完善。可是联盟内部税收、会计制度和法律框架的差异则为其为一体化带来了明显的障碍。这与统一规则的美国相比尤其明显。无论如何，欧盟在更高透明度道路上取得了进步。其中特别值得一提的是，上市企业从 2005 年起有义务按国际会计准则（LAS）年终决算。

期望统一货币增加对欧洲证券交易所结构和清算结构的整合，现如今只是处在萌芽状态。为比、法、荷、葡上市股票创立共同交易平台的 EU-RONEXT，在法兰克福与伦敦项目失败后成为最重要的整合措施。在清

算方面，在荷、比、法、英中央证券保管机构在欧元清算基础上的联合以及与德国证交所集团清算一体化后，从此迈出结构改善的第一步。

▶ 知识拓展

　　根据规定，成员国之间任何两种货币的汇率波动如果超出规定范围内的话，那么这两国的中央银行都有义务进行干预，而干预所需要的费用也需要共同负担。不过，实际的情况并一定就是这样。因为在一般情况下，当某成员国货币与马克的汇率接近上限或者下限的时候，那么这个国家中央银行往往要引起警觉，或者直接地进行干预，而德国就没有义务进行干预。因此，其实，中央银行想要转移干预的负担也是可以的，转移的方式也有很多种。

| 拓展思考 |

1. 欧洲货币体系的成员国有几个？

2. 成员国干预外汇市场使用什么方法？

美国货币的发展

Mei Guo Huo Bi De Fa Zhan

美国的经济环境从 70 年代的开始出现重大的变化，通货膨胀率不断地上升，利率也波动不定。举个例子，在 50 年代，3 个月期的美国国库券利率波幅在 1% ~ 3.5%，而到了 70 年代，波幅就增大到 4% ~ 11.5% 之间；到了 80 年代，更增加到 5% ~ 15% 之间，利率的大幅度上升（甚至升到 20%），使得长期债券的资本损失高达 50%，而回报率则为负 40%。因为这些情况的发生，使得金融中介机

※ 美国货币

构发现向社会提供的传统金融产品不能够带来理想的利润，更是由于严格的法规制度的限定限制，比如美国联储规定的较高准备要求，美联储体系通过 Q 条款对定期存款规定了利率上限等，迫使新形势下金融中介机构拼命予以业务和产品的创新。美国自 60 年代掀起的金融创新浪潮，极大推动了货币市场的发展，其中最为突出的表现就是货币市场上涌现出了许多新的工具，比如大额可转让存单（CDs），也出现了新的子市场，比如商业票据市场、可转让存单（CDs）市场等等。在 80 年代之后，美国货币市场与国际货币市场的关系越来越密切，尤其是欧洲美元市场的迅速膨胀使得两者之间的关系变得更加复杂。

美国为了促进货币市场的发展主要采取了以下政策：

1. 鼓励金融创新

世界上金融创新最活跃的国家是美国，美国早期的货币市场是指证券经纪人之间的短期拆款市场，随着美国市场经济的发展，必然会产生政府和其他经济单位对短期货币资金的大量供求，因为法律法规的限制，美国

银行也进行了大量的金融创新，才产生了大额可转让存单、回购协议、银行承兑汇票等金融工具。当然这些创新的金融工具再加上短期国债、国库券和商业票据等传统金融工具，为货币市场提供了丰富的交易品种，这是货币市场活跃的前提因素。

2. 建立专业化的多种金融工具子市场

美国货币市场本来就是由众多的子市场组成的，其中主要包括政府证券市场、联邦资金市场、商业本票市场、可转让银行定期存单市场、银行承兑汇票市场、回购市场与欧洲美元市场。而这些发达的子市场都各自专门经营一种类型的金融资产。其主要目的就是为参与者提供专门的服务。政府筹集短期资金的有力场所就是联邦证券市场，当然也是联邦储备银行实施公开市场操作的主要场所。美国货币市场的多样性，让市场充满了竞争与活力，也拓宽了融资渠道，调动了各经济主体的参与积极性；同时，市场的专业化也让美国货币市场向着更深层次发展，为部门经济的发展起到了巨大的推动引导作用。

3. 完全开放金融市场，使其参与者在金融市场充分竞争

美国的货币市场是完全公开的市场，货币市场上几乎所有证券价格与利率完全由相应的供求状况来决定。证券发行多采用公开招标方式发售，各参与者自由竞价，公平竞争，比如国库券的发行。在美国，很多大的企业都可以按照相关法规要求自由发行商业票据，经过权威的信用评级机构进行评级，在充分考虑到期限的长短、风险的大小、供求的状况等因素之后，按照其质量来订立价格，而且只要是符合条件的，都被允许进入各子市场进行交易活动。

4. 建立配套的发行市场与流通市场

在美国货币市场中，除了联邦资金市场与回购协议市场没有流通市场之外，其他的子市场都有与发行市场配套的流通市场，这样可以便于各种金融工具的日常买卖，以达到调剂短期的资金余缺、发现价格、为投资者保值理财的目的。在美国，主要以政府证券市场、银行承兑汇票与银行可转让定期存单市场最为发达。发行市场与流通市场是货币市场运作的"两条腿"，两者缺一不可。

◎历史地位

1792 年，美元在 13 个殖民地形成了货币区，当时的美国只是一个拥有 400 万人口的国家。发展到 19 世纪末，它就已经变成了世界上最强大

的国家。到第一次世界大战爆发的时候，美国的经济总量就已经大于其他的三个大国：德国、英国、法国，甚至是它们的总和，这也使得美元的地位日益突出。在一战中，欧洲国家的黄金流入美国购买战争用品。美国联邦储备银行将这些黄金作为法定货币导致了通货膨胀。从 1914 年到 1920年，美国的价格水平翻了近一倍。后来美国联邦储备银行决定治理消除通货膨胀，试图将使价格恢复到原来的水平。接下来就是一段通货紧缩时期，价格水平在 1920 年一年内便从 200 降到了 140，下降了 30％，这也是美国历史上最大的通货紧缩。虽然金本位体系的 35 年是自由资本主义繁荣昌盛的"黄金时代"，固定汇率制拥有保障国际贸易和信贷安全，方便生产成本核算，从而避免了国际投资风险的优点。不过在一定程度上，它推动了国际贸易和国际投资的发展。但是，严格的固定汇率制使各国难以根据本国经济发展的需要执行有利的货币政策，经济增长受到较大的制约。在二战的时候，国际货币体系更是乱成一团。为了解决这种混乱的状况，1943 年，美国财政部官员怀特和英国财政部顾问凯恩斯分别从本国利益出发，设计战后国际货币金融体系，提出了两个不同的计划，也就是"怀特计划"和"凯恩斯计划"。

其中"怀特计划"是主张取消外汇管制和各国对国际资金转移的限制，设立一个国际稳定基金组织发行一种国际货币，使得各国货币与之保持固定的比价，也就是基金货币与美元和黄金挂钩约定。会员国货币都要与"尤尼它"保持固定比价，不经"基金"会员国 3/4 的投票权通过，会员国货币不能够随意贬值。而"凯恩斯计划"则从当时英国黄金储备缺乏出发，主张建立一个世界性中央银行，将各国的债权、债务通过它的存款账户转账进行清算。

1944 年 7 月，在第二次世界大战将要胜利的前夕，二战中的 44 个同盟国在英国和美国的组织之下，在美国新罕布什尔州的布雷顿森林村一家旅馆召开了 730 人参加的"联合和联盟国家国际货币金融会议"，通过了以美国财长助理怀特提出的怀特计划为基础的《国际货币基金协定》和《国际复兴开发银行协定》，其总称为《布雷顿森林协定》，从此开始了布雷顿森林体系。

美元在国际货币体系中的这种霸主地位给美国带来了巨大的利益

首先，它使美国可以不受限制地向全世界进行举债，但是其偿还债务却是不对等的或者干脆是不用负责任的。其中主要的原因就是因为它向别

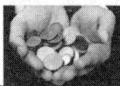

国举债是以美元计值的，这可以让印钞厂毫无节制地加印美元，即便造成美元贬值，也能减轻其外债负担，同时又可刺激、增加出口量，改善其国际收支状况。除此之外，由于美国经济实力雄厚，加上其投资环境比较稳定，那么在美投资就能带来较多利润，所以，有不少人都想要美国投资。而大量流通性美元资金的到来，使其利率下降，弥补财政赤字的成本得到压缩。另外，在通常情况之下，当一个国家的国际收支出现逆差的时候，一般要进行采取经济政策的调整。可是美国却完全没必要这样做，因为美元是国际货币，当美国出现外贸逆差的时候，美国政府可以可通过印刷美钞来弥补赤字，从而维持国民经济的平衡，反而会将通货膨胀转嫁转移给其他的国家。这也正是战后的美国虽然经历了数十年的高额财政赤字，可是却依然能够保何持其经济状况稳定的主要原因。

再者，还会因为它可以使美国获得巨额的铸币税。铸币税原本是中世纪西欧各国对送交铸币厂用以铸造货币的金、银等贵金属所征的税；后来指政府发行货币取得的利润（等于铸币币面价值与铸币金属币价的差额）。在金本位崩溃之后，以纸币为基础的信用本位取代了金本位；美元代行国际货币职能，为美国带来了巨大利益。当一张毫无价值可言的纸币被国家印制出来的时候，铸币税就等于这张纸币所能购买到的社会产品价值，而中间的差额即为美国的"铸币税"。

根据1994年美国国家安全局公布，全世界美钞的流通量为3500亿元，其中有1/3在美国的境内流通，而有2/3在外国流通。据当时纽约联储局报告中称，在2002年末，在市面流通的6，200亿美元货币中，有大约55％到60％，也就是即3，3400亿到3，700亿美元左右是在美国以外的地区流通的。根据联邦储备体系最近的估计，在所有流通的美元之中，大约2/3为美国境外持有。目前在全世界流通的美国货币总额达到将近7000亿美元。仅在1989到1996年3月间，流到俄罗斯和阿根廷的美钞就分别达到了440亿和350亿美元。而美国印制一张1美元钞票的材料费和人工费却仅需要0.03美元而已，却能买到价值1美元的商品，美国由此得到每年大约250亿美元的巨额铸币税收益，自二战以来累计收益大约在二万亿美元左右。

因为二战后的通货膨胀，朝鲜战争和越南战争时期的通货膨胀，以及两次通货膨胀间的另一轮通货膨胀，美元的价值迅速得到美元价值飙升，使得使美国价格水平在1934年到1971年之间就上涨了2倍，同时使美元在全球有了主导性的地位。而且同时美国依靠其雄厚的经济实力和黄金储备，保持黄金的美元比价不变，高估美元，低估黄金。黄金储备这时在各国央行开始活动储备黄金，将手中的美元兑换成黄金以增加它们的储备量。1948 年，美国拥有全世界 70% 的货币性黄金储量也就是 7 亿盎司。不过随着日本和西欧经济的复苏和迅速发展，美国的霸权地位不断下降，美元加剧了黄金供求状况的恶化，在 20 世纪 50 年代与 60 年代，美国为了发展国内经济以及对付越南战争造成的国际收支逆差，又持续不断地增加货币的发行，这使美元远远低于金平价，使得使黄金官价越来越成为买方一厢相情愿的价格。欧洲也因为越南战争从而引起了一股反美情绪，法国带头把所有的顺差以黄金的形式进行储备。于是美国的黄金储备从1948 年的 7 亿盎司一下子降到了 1970 年的 2 亿 5 千万盎司，其中有一半以上将近 2/3 黄金储备流失了，这样就进一步增加了美元的超额供应和对黄金的超额需求。加之国际市场上投机者也抓住固定汇率制的瓦解趋势推波助澜，大肆借美元对黄金下赌注，从而导致固定汇率制彻底的崩溃。1971 年出现了"美元危机"，从 60 年代到 70 年代，爆发这样的美元危机多达 11 次之多。虽然尽管美国政府为挽救美元措施采取了许多应急措施，可是都没有起到明显的效果。美国的经济衰退、资本大量流失、美元在全世界泛滥成灾。最终美国黄金储备面临枯竭的危机，于是不得不放弃美元金本位，而美元也就失去了其等同黄金的特殊地位，也就是这个时候美元失去了其世界主要的地位。

▶知识窗

货币市场基金发展史上的巅峰：1997 年达到 1 万亿美元，2001 年达 22853亿美元，货币市场基金数量达 1015 只，投资者账户 4720 万个；到 2002 年，净资产规模调整为 22720 亿美元，基金数量下降为 989 只，投资者账户 4540 万个。由此可见货币基金的相对规模，以及在市场中所占的位置。货币市场基金的发展绝对是促进货币市场的发展，可谓功不可没。

拓展思考

1. 美国货币市场的子市场有哪些？

2. 货币市场基金最早是由哪个国家建造的？